MARCIO CAMPOS

BEATA NHÁ CHICA
O MILAGRE DA "SANTA" *brasileira*

ANGELVS
EDITORA

```
Dados Internacionais de Catalogação na Publicação (CIP)
       (Câmara Brasileira do Livro, SP, Brasil)

Campos, Marcio
   Beata Nhá Chica, o milagre da "santa" brasileira /
Marcio Campos. -- 1. ed. -- São Paulo : Angelus
Editora, 2021.

   ISBN 978-65-89083-16-0

   1. Fé (Cristianismo) 2. Isabel, Francisca Paula de
Jesus, 1808-1895 3. Milagres, Nhá Chica, 1808-1895 -
Orações e devoções 4. Testemunhos (Cristianismo)
I. Título.

21-90050                                    CDD-234.13
```
Índices para catálogo sistemático:

1. Milagres : Vida cristã : Cristianismo   234.13

Maria Alice Ferreira - Bibliotecária - CRB-8/7964

**BEATA NHÁ CHICA, O MILAGRE
DA "SANTA" BRASILEIRA**

Copyright - 2025
©Angelus Editora

Direção Editorial:
Maristela Ciarrocchi

Preparação:
Rogério Arruda Martins

Revisão:
Ariane dos Santos Neves Monteiro

Capa, Projeto Gráfico e Diagramação:
Priscila Venecian

Imagens e fotos:
Arquivo pessoal do autor e TV Bandeirantes

ISBN: 978-65-89083-16-0

3ª Edição

MARCIO CAMPOS

BEATA NHÁ CHICA
O MILAGRE DA "SANTA" *brasileira*

ANGELVS
EDITORA

DEDICATÓRIA

Dedico este livro às Irmãs Franciscanas do Senhor, que, através da Associação Beneficente Nhá Chica, dão continuidade à missão assumida pela Beata Nhá Chica.

AGRADECIMENTOS

Agradeço aos meus pais, José e Marlene, por terem me apresentado Nhá Chica desde criança.

Agradeço também a Deus, ao Sagrado Coração de Jesus, à Imaculada Conceição e a Nhá Chica.

E a todos que colaboraram com este testemunho de fé.

PREFÁCIO

DEUS, OS SIMPLES E OS HUMILDES

O ilustre jornalista Marcio Campos, natural de Cruzília e filho da centenária Diocese da Campanha-MG, é também um grande devoto da Beata Nhá Chica. Como cristão e profissional da comunicação, o autor sempre teve uma admiração pelo modelo de vida, de fé e de santidade da nossa querida Beata. Ela também chamada de "mãe dos pobres", pois não só ia ao encontro de Cristo nos mais excluídos, como também auxiliava os cristãos de sua época a cumprirem a vontade de Deus e a seguirem Seus mandamentos.

Francisca Paula de Jesus, a "santinha de Baependi", era uma mulher simples, negra e analfabeta. Filha de escrava, a Beata já trazia traços de uma fé fervorosa e uma devoção especial a Nossa Senhora da Conceição, que ela chamava de "minha Sinhá". Nada fazia sem que ouvisse a Palavra de Deus e rezasse diante da pequena imagem de Nossa Senhora. Por isso, atraía inúmeros fiéis indecisos e com dificuldade em compreender os desígnios de Deus, na sua humilde casa, em Baependi.

Consciente de que Deus se serve dos simples e humildes para confundir a sabedoria deste mundo, Marcio Campos teve a felicidade de participar da Comitiva Papal durante a Jornada Mundial da Juventude, ocorrida no ano de 2013, na cidade do Rio de Janeiro. Além de presentear o Papa Francisco com uma bandeira do Brasil, o autor teve a felicidade de entregar uma relíquia da Beata Nhá Chica ao Santo Padre, expressando, assim, a sua fervorosa devoção à nossa querida Beata, junto com um forte apelo para vê-la proclamada e reconhecida como santa em futuro breve. O gesto do autor sintetiza o sentimento de muitos brasileiros que têm um carinho especial pela nossa Beata, pois não faltam relatos — de várias partes do Brasil — de inúmeras graças alcançadas por sua intercessão.

Que este livro nos ajude a abrir os nossos corações às maravilhas da graça de Deus e nada antepor ao chamado à santidade que Ele faz a todos nós.

D. Pedro Cunha Cruz
Bispo Diocesano de Campanha-MG

APRESENTAÇÃO

Francisca de Paula de Jesus, conhecida como Nhá Chica (abreviatura de Senhora Francisca), nasceu em Santo Antônio do Rio das Mortes Pequeno, distrito de São João Del Rei, por volta de 1808. Filha de Isabel Maria, foi Batizada em 26 de abril de 1810. Por volta de 1816, mudou-se para Baependi, sul de Minas Gerais, com seu irmão, Teotônio. Anos mais tarde, Nhá Chica perde sua mãe, e ficam os dois irmãos morando em uma casa simples, até que Teotônio se case.

Antes da morte de Isabel Maria, ela deu um conselho a sua filha. "Não se case para viver melhor a religião e para praticar a caridade", e deixou como herança para Nhá Chica uma imagem de Nossa Senhora da Conceição, que pertencera a sua mãe.

Nhá Chica ouviu e viveu plenamente os conselhos da mãe. Mesmo aparecendo vários pretendentes para o matrimônio, escolheu a vida casta e solitária. Desde a sua juventude, já era conhecida como a Mãe dos Pobres, porque ajudava com o que tinha muitas pessoas carentes da cidade. Com uma profunda devoção à Mãe de Jesus, a Senhora da Conceição, a quem chamava de "Minha Sinhá". Era diante da imagem que pertenceu a sua avó, que diariamente realizava suas orações e era ouvida em suas preces.

Com o passar do tempo, as pessoas perceberam que suas orações eram ouvidas por Deus e, tudo que ela dizia, realmente acontecia. Sua casa era um lugar de acolhida, onde todas as pessoas eram atendidas em suas necessidades, materiais ou espirituais. Muitas pessoas — desde os simples camponeses e escravos, até os nobres do Império do Brasil — vinham ao seu encontro para pedirem conselhos, orações, curas e discernimento. Nhá Chica atendia a todos com muito respeito e, sempre, antes de lhes dar a resposta, dizia: "Vou ali no quarto rezar a minha Sinhá e trarei a resposta que ela me der". Ela sempre trazia uma resposta certeira.

Como foi o caso de meu bisavô, Afonso de Oliveira Cata-Preta, que era um lavrador em São Tomé das Letras, naquele tempo, distrito de Baependi. Ele tinha um vizinho que possuía uma mula de estimação que tinha desaparecido. Após ter procurado por vários dias e não encontrando o animal, solicitou que meu bisavô viesse a Baependi e pedisse que Nhá Chica rezasse para saber o paradeiro do animal. E assim foi feito. Após meu bisavô ter contado a história, a Beata Nhá Chica pediu que esperasse para que ela fosse rezar a "sua Sinhá". Após ter rezado, ela voltou e disse a ele: "O animal se encontra bem, está em um lago próximo a um bambueiro, próximo à casa". Depois que o recado foi transmitido, eles procuraram no local indicado e lá encontraram o animal, como Nhá Chica dissera.

Um outro fato interessante é sobre a filha do Conselheiro Pedreira, um importante homem do império brasileiro. Ele tinha uma filha chamada Zélia, que estava se preparando para ir para um convento na Europa. Porém, antes de enviá-la, veio falar com Nhá Chica. A beata rezou e lhe disse: "Sua filha não deve ir para o convento, ela deve se casar e terá muitos filhos. Os homens se tornarão padres e as mulheres, freiras, e no final de sua vida, ela será toda do Senhor". Quatro anos após a profecia, Zélia, se casou com Jerônimo e tiveram treze filhos: oito meninas e cinco meninos: quatro faleceram, três mulheres e um homem; os outros três meninos se tornaram padres, e as seis meninas, freiras. Após a morte do esposo, Zélia se tornou religiosa. E hoje, Zélia e Jerônimo se encontram em processo de beatificação.

Quando a beata Nhá Chica era interrogada sobre todos os prodígios que realizava, ela sempre respondia: "Tudo acontece porque eu rezo com fé". Se perguntavam se ela era santa, com profunda humildade, respondia: "Eu não sou santa, sou uma pobre analfabeta que reza com fé, e Deus me atende pelos merecimentos de sua Mãe, Maria Santíssima".

Nhá Chica vivia das esmolas que pedia e das doações das pessoas a que ela atendia. Tudo que possuía, repartia com os necessitados. Em um determinado dia da semana, reunia a vizinhança — as pessoas do bairro do Cavaco, em grande maioria, eram pessoas muito pobres — para rezarem o terço em sua casa. Após a oração, ela repartia com todos os alimentos que possuía.

Em abril de 1861, faleceu o irmão de Nhá Chica, Teotônio, deixando-a, em seu testamento, como herdeira universal. Uma boa parte da herança que recebeu, doou como esmola para o Pároco Mons. Marcos, para dourar o altar-mor da Igreja Matriz dedicada a Nossa Senhora de Montserrat.

Quando Nhá Chica estava com quase sessenta anos, sua "Sinhá" lhe fez um pedido: queria que ela construísse uma Igreja no seu quintal, dedicada a Nossa Senhora da Conceição. Ela usou o que sobrara da herança do irmão para pedir a licença na Câmara. Logo que ela iniciou as obras, muitas pessoas deram sua ajuda como esmola para a construção da Igreja, de modo que Nhá Chica deixou a Igreja praticamente pronta.

Durante a construção da capela, aconteceram três fatos interessantes. Primeiro, o pedreiro achou que os adobes não seriam suficientes e veio falar com Nhá Chica. Ela respondeu: "É nossa Senhora quem sabe". Nhá Chica rezou, e Nossa Senhora lhe assegurou que seriam suficientes. E, realmente, foi a conta. Não sobrou nem faltou. Depois, quando o mestre de obras terminou o forro, perguntou à Nhá Chica o que seria pintado. Ela novamente lhe respondeu: "É Nossa Senhora quem sabe". Nhá Chica rezou, e Nossa Senhora pediu que fosse espalhada areia no chão do quartinho que usavam de sacristia e que, no dia seguinte, estaria lá desenhado o que deveria ser pintado no teto. No dia seguinte, quando abriram o quarto, na areia estava desenhado um ostensório sobre as nuvens.

O terceiro fato é que, no final da obra, Nossa Senhora disse à Beata Nhá Chica que queria um órgão para a Igreja. Nhá Chica não sabia o que era esse instrumento. Foi ao pároco, que lhe explicou e disse que era muito caro. Nhá Chica pediu muitas esmolas e conseguiu o dinheiro, depois incumbiu o famoso Maestro Francisco Raposo de ir ao Rio buscar o instrumento. O instrumento foi comprado no Rio de Janeiro e trazido de trem até Barra do Piraí e, de lá até Baependi, no carro de boi. Chegou em uma quinta-feira e foi montado. Porém, o maestro tentou tocar o instrumento, mas não funcionou. Nhá Chica disse a todos: "Não há nada de errado com o instrumento, Nossa Senhora não quer que ele toque hoje. Amanhã, sexta-feira, às 15h hora que recordamos a última agonia de Cristo, ele tocará, para entoarmos a ladainha. No outro dia, na hora indicada, realmente o instrumento soou seu lindo som por toda a capela.

Nhá Chica faleceu no dia 14 de junho de 1895, após uma breve enfermidade. O médico da cidade, Dr. Manoel Joaquim, não quis dar o atestado de óbito porque não tinha certeza de sua morte, pois sua aparência era de uma pessoa apenas dormindo. O médico foi chamado para uma emergência fora da cidade. Nhá Chica ficou insepulta durante quatro dias, sem seu corpo se decompor ou exalar mau cheiro — o que sentiram, ao contrário, foi um suave odor de rosas. Foi sepultada no dia 18 de junho com fama de santidade. No dia da exumação de seu corpo, em 14 de junho de 1998, Dom Diamantino — então bispo diocesano — que participou da exumação de Nhá Chica, atestou ter sentido um suave odor de rosas que vinha da sepultura, quando a lápide fora retirada.

Assim é a vida daquele que vive com Deus: a passagem pela morte é apenas o atravessar de uma porta, pois o Céu começa aqui neste mundo, não há susto, não há choque... pois quem viveu em Deus aqui na terra, acostumou-se com as realidades celestes. Nhá Chica foi beatificada em 4 de maio de 2013, na cidade de Baependi, e sua vida é um grande exemplo de fé e amor ao próximo. Ela é gente da nossa gente, pessoa simples e humilde como a maioria do nosso povo. Mostra para nós que santidade é algo muito próximo de nós. Não precisa de muito para se alcançar o Céu, apenas fazer a vontade de Deus. Sua fé profunda mostra que nada é impossível para Deus, e quem tem fé alcança prodígios. Sua grande sabedoria foi além do seu analfabetismo: nobres e doutores se sentavam em simples cadeiras para ouvir suas palavras e serem aconselhados por ela. Seu amor ao próximo promoveu a vida e a dignidade de muita gente, matou não só a fome do corpo, mas da alma também. Que, a seu exemplo, nós possamos buscar a santidade, amando a Deus sobre todas as coisas e também ao nosso próximo, como Jesus nos ensinou. E que possamos, muito em breve, ver sua canonização.

SUMÁRIO

PARTE I - PELOS CAMINHOS DA FÉ: NHÁ CHICA, A SANTINHA DE BAEPENDI   21

1. PRESENTE DE NHÁ CHICA: A MEDALHA DE 135 ANOS   23

2. LAÇOS DE FAMÍLIA, RELATOS DE FÉ   33

3. "NHÁ CHICA, ROGAI POR NÓS"   41

4. O CAVALO DO BISAVÔ   47

5. O JOVEM DEVOTO   51

6. A FAMA DE NHÁ CHICA   53

7. GRAÇAS ALCANÇADAS   55

8. TESTEMUNHOS DE FÉ   57

9. O MILAGRE DA BEATIFICAÇÃO   67

10. O MILAGRE DO BISPO   72

11. DE SÃO JOÃO DEL-REI A BAEPENDI   77

PARTE II - NAS ALTURAS DE DEUS: NHÁ CHICA, FRANCISCO E EU   83

12. NO VOO PAPAL: UM ENCONTRO NO CÉU   85

13. PENSANDO LÁ NA FRENTE   87

14. PASSAGEM PARA ROMA   89

15. O PRESENTE DO PAPA   93

16. FRANCISCO DE ASSIS   95

17. VOO PAPAL, 22 DE JULHO DE 2013   101

18. EM APARECIDA   115

19. INSPIRAÇÃO E GRATIDÃO   119

20. DE VOLTA AO VOO PAPAL   121

21. DEPOIMENTOS SOBRE NHÁ CHICA, FRANCISCO E EU   125

PARTE III - PELAS ESTRADAS DA VIDA   **163**

22. A BÊNÇÃO DO PAPA FRANCISCO   165

23. PRIMEIRO SINAL   167

24. INVESTIGAÇÃO   173

25. O MILAGRE DO DIAGNÓSTICO   175

26. TRATAMENTO   181

27. ORAÇÕES   187

28. A PALAVRA DA MEDICINA   193

29. RHOSANA, ISADORA E VERONICA   205

CONCLUSÃO   213

REFERÊNCIAS   217

Foto 1: Autor com o Papa Francisco em um dos voos da visita papal em 2013, em razão da Jornada Mundial da Juventude, ocorrida na cidade do Rio de Janeiro, Brasil.

PARTE I

PELOS CAMINHOS DA FÉ: NHÁ CHICA, A SANTINHA DE BAEPENDI

*O erro por que muitas vezes se não
acertam as eleições dos ofícios
é porque se buscam os homens
grandes nas casas grandes,
e eles estão escondidos nas casas pequenas.*

**Padre Antônio Vieira,
Obra Completa, T. II, V. XIII**

1. PRESENTE DE NHÁ CHICA: A MEDALHA DE 135 ANOS

Quarta-feira chuvosa em São Paulo, dia 19 de agosto, passava das sete da manhã, quando, no camarim, eu me trocava para apresentar o "Manhã Band News" ao lado do colega Pablo Ribeiro. É muito raro eu receber uma ligação de telefone nesse horário, mas, nesse dia, ele tocou. O identificador de chamadas logo me mostrou que do outro lado da linha era o Sr. Cádio, Antonio Carlos Lima, marceneiro de Cruzília, que tive a alegria de conhecer cerca de um ano antes na Fazenda da Lage, em Aiuruoca, onde o médico e amigo Guilherme Maciel produz o tradicional queijo Mantiqueira, mantendo a tradição familiar.

— Seu Marcio, bom dia! Tudo bem com o senhor?

Foi com esse tom sereno e educado, peculiar de um bom mineiro e de gente simples, que o Sr. Cádio me cumprimentou.

— O senhor me desculpe pelo horário, mas quero saber apenas se fez o depósito, conforme combinamos.

Dias antes, eu tinha acertado um serviço com o marceneiro e o valor de entrada havia transferido na tarde anterior.

Entretanto, por se tratar de outro banco, a transferência ainda não tinha sido efetivada. Após explicar a ele a situação, emendei:

— Seu Cádio, o senhor já ouviu falar de uma história aí em Cruzília sobre uma medalhinha de Nossa Senhora da Imaculada Conceição que a Nhá Chica deu para um homem cuja mulher estava grávida?

— Já sim, Seu Marcio, inclusive a minha esposa é neta dele.

Incrédulo, eu pedi a confirmação:

— Como assim? A esposa do senhor é da família dessa história? Meu Deus!

Essa é mais uma passagem ligada a Nhá Chica que aconteceu durante a produção deste material. Coincidência? Ah! Para algumas pessoas pode até ser, mas, para mim, são sinais e respostas que Nhá Chica vem me dando a partir do momento em que decidi testemunhar a força da intercessão dela em nossas vidas.

— Sim, Seu Marcio! Nós conhecemos muito bem essa história do cordão de ouro e da medalhinha.

— Bom, Seu Cádio, estou tentando falar com algum herdeiro direto que ficou com a medalha. O senhor sabe me dizer quem é?

— Olha só, Seu Marcio, estou neste momento em frente à casa da prima da minha esposa, que é a neta herdeira direta. Foi a mãe dela que nasceu naquele dia em que Nhá Chica presenteou a família com uma medalhinha de Nossa Senhora da Imaculada Conceição.

Dia 8 de dezembro de 1885, o fazendeiro Sr. Cornélio

Joaquim Pereira, morador da cidade vizinha de Cruzília — à época bairro de chamado de Encruzilhada—, foi até Baependi se encontrar com Nhá Chica para pedir um auxílio: ajudar a encontrar uma das melhores vacas dele, que estava desaparecida. Os dois já eram conhecidos, e contam os descendentes dele, que havia uma amizade longa entre as famílias.

Em resposta ao pedido do amigo e após fazer as orações de costume, Nhá Chica disse que ele poderia voltar para a fazenda e que encontraria a vaca em um pasto muito próximo da casa. Disse ainda que, além da vaca, também encontraria lá uma menina que acabara de nascer.

Realmente, a esposa do Sr. Cornélio, Gabriela Augusta Pereira, estava grávida e prestes a dar à luz. Surpreso com o que Nhá Chica acabara de dizer, o homem então a convidou para ser madrinha de batismo da filha. Entretanto, a beata de Baependi disse que não poderia aceitar e que a Imaculada Conceição seria a madrinha em seu lugar. De presente, Nhá Chica entregou ao homem um cordão de ouro com uma medalha também de ouro que representava a Imaculada Conceição em alto relevo.

— E aqui está a medalha, Marcio!

Inacreditavelmente, Maira Lima, a bisneta daquele bebê que recebeu o nome de Maria da Conceição Pereira Lima, tirou a medalha de uma caixa e me disse:

— Muitas pessoas sempre pediram para ver e tocar essa medalha. A família, porém, com receio, preferiu levá-la para um local seguro. Por isso, a medalha não fica aqui conosco. Está guardada o tempo todo em um local que julgamos ser muito mais seguro. Mas, hoje, a trouxemos para cá porque sentimos no nosso coração que você é a pessoa que merece ver e contar essa história com detalhes.

Foi assim que a jovem Maira me recebeu na casa da mãe dela, Dona Zuleide Pereira Lima, na tarde do domingo de 13 de setembro de 2020, em Cruzília, onde nasci. Nosso encontro havia sido marcado duas semanas antes.

Quando Maira tirou a medalha da caixa onde fica guardada e a mostrou para mim, suspensa no ar, inevitavelmente as lágrimas surgiram, escorrendo lentamente pelo meu rosto. Atônito com a imagem à minha frente, a voz ficou embargada. Não havia palavra que pudesse ser pronunciada ali. Enquanto buscava um jeito de formular uma frase, percebi que os olhos de Maira e de Dona Zuleide também estavam mergulhados em lágrimas. Buscando força para se expressar em meio à emoção que tomou a sala da humilde casa da família, a bisneta da Dona Conceição completou:

— Nhá Chica vive aqui na minha família, ela vive aqui na minha casa.

Maira não fez essa afirmação apenas com base naquele objeto que segurava ou porque, em um dos quartos da casa, a família preserva um quadro antigo de Nhá Chica. A jovem técnica de enfermagem também nos relatou vários testemunhos de graças e episódios vividos com a bênção de Nhá Chica. Um deles com a mãe, sentada ao lado, e que fez questão, ela própria, de contar:

— Eu fiquei 25 dias internada com um câncer no intestino. Por causa disso, precisei fazer uma cirurgia para reduzir o intestino. Os médicos diziam que eu tinha 95% de chance de usar uma bolsa de colonoscopia para o resto da vida...

Maira, demonstrando gratidão, completou:

— Eu usei esses 5% de chance que tinha para minha mãe

não precisar ficar com a bolsa para pedir a intercessão de Nhá Chica. E ela me ajudou! Pela minha fé e pela intercessão de Nhá Chica, minha mãe não usa a bolsa.

Dona Zuleide tem certeza de que no dia 5 de junho de 2018, quando estava internada no hospital da cidade para tratamento, recebeu a visita de Nhá Chica.

— E não foi uma vez só não, foram duas vezes! Em uma delas, Nhá Chica apareceu refletida na parede do quarto do hospital. Ela estava vestida do jeitinho que ela aparece na foto, sentada e se apoiando em um guarda-chuva. Da outra vez, eu a vi em pé na porta do quarto. Ela estava ali para me acalmar. Tenho certeza de que ela veio me visitar para me tranquilizar.

Em outra ocasião, foi o irmão de Dona Zuleide, Sr. Jose Darci, que viveu a experiência de contar com as orações de Nhá Chica. Conta Dona Zuleide que José Darci tinha 7 anos e, ao cair do cavalo, bateu forte o cotovelo no chão e sofreu uma fratura exposta. Naquela época, sem muitos recursos médicos, em situações parecidas, o membro era amputado. O pai de Dona Zuleide, Sr. Sebastião Pereira Lima, então vendeu 25 das melhores vacas que tinha e rumou para São Paulo com o menino. Enquanto Sr. Sebastiao permanecia em São Paulo cuidando do filho, a mãe, Sra. Maria da Conceição — aquele bebê presenteado por Nhá Chica —, prestes a completar 71 anos, adoecia. E no dia 8 de dezembro de 1956, Dona Maria da Conceição morre, enquanto o filho e o neto ainda estão em São Paulo. Antes de morrer, Dona Conceição conta à família que havia sonhado com Nhá Chica e que a santa amiga de Baependi afirmara que o garoto voltaria para Cruzília com vida e sem a necessidade de amputar o braço, por isso, ninguém deveria chorar. Era o pedido de Nhá Chica feito no sonho:

— Não chorem, porque o menino voltará para casa com o braço.

Quando pai e filho retornaram a Cruzília, já com Dona Conceição sepultada, a mãe, Dona Maria Guadalupe Ferreira Lima, mãe de Dona Zuleide e nora de Dona Conceição, não queria ver o filho, de tanto medo que tinha de encontrar o braço amputado. O desespero só passou quando ela teve coragem de olhar e ter a certeza de que a profecia de Nhá Chica tinha mais uma vez sido cumprida.

Nossa conversa na casa de Dona Zuleide e da filha Maira avançava. Estava já há quase duas horas registrando tudo, quando Sr. Cádio, o marceneiro, que me acompanhava, perguntou:

— Posso pegar a medalha?

A bisneta de Dona Conceição prontamente estendeu a medalha para o marceneiro, que confirmou:

— Estou na família há tanto tempo e essa é a primeira vez que vejo e toco a medalha.

Diante desse comentário, mãe e filha prometem:

— Marcio, estávamos esperando a hora certa para anunciar o que vamos falar. E sentimos no coração que a hora certa é hoje, agora, e que você deve ser o mensageiro dessa informação. Já está decidido: quando a Igreja canonizar Nhá Chica, essa medalha será doada para a Igreja. Ela está com nossa família há 135 anos, guardada com muito carinho, amor e zelo, mas sabemos que ela é uma prova material importante para a história de nossa Santa Nhá Chica, por isso, ela deve voltar para a casa dela, que é o Santuário de Nhá Chica, em Baependi. Lá, todos poderão ter a chance de vê-la com os próprios olhos e sentir o que nós sentimos.

Nesse momento, tomou conta do ambiente uma sensação leve. Era um gesto sublime de uma família simples que, por quase um século e meio, é a guardiã de uma das principais relíquias de Nhá Chica. E quanta perfeição tem aquela imagem da Imaculada Conceição esculpida em uma placa tão pequena de ouro!

Nem quando a Comissão designada para postular ao Vaticano o título de beata para Nhá Chica, a medalha foi levada. Como prova daquele dia, apenas uma foto foi autorizada a ser feita do objeto.

Um dos dias mais importantes da elaboração deste livro ainda não havia terminado. Eu precisava de fotos de Dona Maria da Conceição, saber mais detalhes da família. Foi aí que, prontamente, a professora aposentada, Maria de Lourdes Pereira, de 79 anos, recebeu-me em casa. Enquanto Dona Zuleide é filha de Sebastião, o 12º filho e caçula de Dona Maria da Conceição, Dona Lurdinha é filha de Dona Tereza, a terceira da presenteada por Nhá Chica.

Sentada em uma cadeira de balanço, ávida por contar detalhes da família, Dona Lurdinha logo pega um livro e coloca sobre o colo para folhear. Trata-se de um exemplar da obra "A Família Pereira: descendentes de Domingos Antonio Pereira", um estudo genealógico de Américo Arantes Pereira. Com ele em mãos, Dona Lurdinha me revela todo o tronco da árvore genealógica dos bisavós Tenente Cornélio Joaquim Pereira e Gabriela Augusta Pereira, casal amigo de Nhá Chica que a chamava de "comadre", mesmo que ela não fosse de nenhuma família, como solicitou a mãe.

A menina Maria da Conceição, presenteada por Nhá Chica, é a quarta filha do casal:

1. Emerenciana Pereira;
2. Mario Augusto Pereira;
3. Francisco Cornélio Pereira (pai do Sr. Marco Antonio);
4. Maria da Conceição Pereira;
5. Ana Augusta Pereira;
6. Jose Cornélio Pereira;
7. Francisca Augusta Pereira.

Maria da Conceição, por sua vez, casou-se em 1901, em Baependi, com Antonio Pereira Lima Neto, com quem teve 12 filhos:

1. Zilda Pereira Lima;
2. Ana Pereira Lima;
3. Tereza Pereira Lima (mãe de Dona Lurdinha);
4. Cornélio;
5. Ciro;
6. Moacir;
7. Aparecida;
8. José;
9. Gabriela;
10. Expedito;
11. Jesus;
12. Sebastião (pai de Dona Zuleide).

Entre um balançar e outro da cadeira, Dona Lurdinha termina a lista e admite:

— Minha avó Conceição sempre teve medo de mostrar a medalha às pessoas; eu, mesmo sendo neta, nunca a vi. Era muita gente querendo chegar perto. Muita gente querendo saber se era verdade. Por isso, minha avó escondia, para que a medalha não desaparecesse.

E essa tradição de preservar a medalha foi mantida por Dona Maria Guadalupe Ferreira Lima, nora de Dona Conceição, casada com o caçula, Sebastião. Coube a Dona Guadalupe guardar a medalha, e ela fazia isso com muita determinação. Maira, filha de Dona Zuleide e, portanto, bisneta de Dona Conceição, conta que a avó Guadalupe trancava a medalha em uma caixa e a escondia onde ninguém soubesse. A chave da caixa ficava amarrada em seu pulso para que ninguém tivesse acesso.

Bom, depois de fechar o livro no qual está toda a genealogia da família, Dona Lurdinha me convida para folhear os álbuns de família, e em um deles encontramos algumas fotos de Dona Conceição. Desde que tomei a decisão de retribuir a graça concedida por Nhá Chica ao curar minha esposa, prometi que a faria conhecida por onde eu andasse. No entanto, confesso que não imaginava ser portador dessa notícia, mensageiro de que Nhá Chica, ao ser canonizada e proclamada Santa pelo Vaticano, terá "de volta" a medalha com que ela presenteou a menina Maria da Conceição ao nascer, no dia 8 de dezembro de 1885.

Mas não foi "só" a medalha que Nhá Chica deu à menina: presenteou-a também com um cordão de ouro e uma pedra de rubi em formato de coração. — O que sabemos é que o cordão de ouro foi transformado em aliança de casamento de um tio (nome preservado), e minha avó Guadalupe contava que o rubi ficou com outra tia (nome preservado) – revelou Maira.

Mas a medalha...

— Não vamos ficar com ela, é do povo! É dos fiéis! Se

Nhá Chica não for canonizada enquanto eu e minha mãe estivermos vivas, minha filha sabe que caberá a ela fazer a doação quando a canonização acontecer.

Foto 2: Maria da Conceição Pereira Lima que nasceu no dia 8 de dezembro de 1885 e ganhou a medalha de presente de Nhá Chica. Ao lado, o marido Antonio Pereira Lima.

Foto 3: Maira Lima e Sra Zuleide Pereira Lima exibem a medalha de Imaculada Conceiçao que Nhá Chica deu de presente.

2 • LAÇOS DE FAMÍLIA, RELATOS DE FÉ

A maratona, porém, não havia acabado. Impaciente com a informação de que Nhá Chica não aceitava batizar ninguém, foi hora de buscar o batistério de Maria da Conceição. A resposta está lá no Livro de Batismo da Igreja Matriz de Nossa Senhora do Montserrat, mais precisamente no que registrou os batizados entre 1883 e 1887. O batistério da "afilhada" de Nhá Chica tem assento número 275 da página 64:

> Aos quinze de março de mil oito centos e oitenta e cinco, nesta parochial igreja de NS do Monserrat de Baype., baptizei e pus os Stos Oleos a Maria da Conceição, nascida a oito de dezembro do ano findo, filha legma (abreviação de *legítima*) do T. Cornelio Joaquim Pereira, e D. Gabriela Augusta Pereira: e forao padros (abreviação de *padrinhos*) Galiano Pereira Sobo (abreviação de *Sobrinho*) e Dona Julia Maria de Jesus, desta freguesia, de que para

constar faço este assento, que assigno V. Marcos Pera (abreviação de *Pereira*) Gomes Nogra (abreviação de *Nogueira*).

Atente ao fato de que, além de Nhá Chica não batizar a menina, Conceição também não teve Maria Imaculada Conceição registrada como protetora. Talvez por esquecimento no livro ou dos próprios pais, o que não me parece razoável pela ligação que a família tinha com a Beata.

E não era só um ramo da família que visitava Nhá Chica com frequência. Emerenciana, a irmã mais velha de Maria da Conceição, muito provavelmente deve ter convivido com Nhá Chica. Ela nasceu no dia 3 de março de 1877 e morreu no dia 5 de setembro de 1963. Mas não foi fácil chegar a essa conclusão e descobrir que Emerenciana era irmã de Maria da Conceição, porque nenhum descendente, até o momento em que investigava as graças alcançadas por Emerenciana, havia citado a ligação entre elas.

Até hoje, fiéis têm a prática de agradecer as graças alcançadas, sejam elas atribuídas ao santo que for. Pois bem, hoje, muito menos, mas, no passado, era comum, apesar de caro, publicar-se a graça em forma de anúncio nos jornais. Foi por meio dessa busca aleatória que o pesquisador e historiador Eustaquio Melo, a meu pedido, encontrou alguns desses anúncios.

Dois em especial chamaram a atenção do pesquisador, que, gentilmente, colaborou com esse trabalho, ambos publicados no Jornal O Patriota, de Baependi, entre 1940 e 1945, e que trazem a seguinte redação:

1. GRAÇAS, Emerenciana Pereira Leite agradece e faz publicar uma Graça obtida por intercessão da alma de Nhá Chica. Carrancas, Minas.

2. GRAÇAS, Emerenciana Pereira agradece uma grande graça obtida por intermédio da alma de Nhá Chica. Carrancas (Fazenda do "Formoso").

Repare que no segundo anúncio há a inserção da palavra "grande". Uma "grande graça" alcançada. Mas que graça seria essa? O historiador, sabedor do nome da cidade e da fazenda, chegou até Ingrid Araújo Teixeira, de 29 anos, moradora da Fazenda do Grão Mogol, em Carrancas, que pertenceu ao casal Francisco Eugenio Ferreira Leite e Francisca Iria de Carvalho. A jovem contou que Dona Emerenciana morreu já viúva e sem filhos, mas que um sobrinho, em Baependi, poderia auxiliar com as informações.

Eu mesmo liguei para o Sr. Marco Antonio Pereira, de 79 anos. E foi durante longas conversas por telefone que soube da ligação entre Emerenciana e Maria da Conceição. Coube a ele me informar que ambas eram irmãs do pai dele, o Sr. Francisco Cornélio Pereira, nascido no dia 30 de junho de 1888 e que casou com a Sra. Aldonira Ferreira de Carvalho, filha do casal proprietário da Fazenda Grão Mogol, onde vive hoje uma das descendentes, a jovem Ingrid.

Sr. Marco Antonio, mesmo sendo sobrinho de primeiro grau de Maria da Conceição, não sabia até aquele nosso contato que a tia havia ganhado de Nhá Chica uma medalha da Imaculada Conceição, nem que a Beata havia anunciado o nascimento dela ao pai sem ao menos receber contato de alguém.

Foi o Sr. Marco Antonio o responsável por trazer mais uma informação relevante a essa pesquisa relacionada a Maria da Conceição, a "afilhada" de Nhá Chica: Emerenciana, Maria da Conceição e o pai dele tinham outra irmã, chamada Francisca Augusta Pereira. Ele não soube precisar, mas muito provavelmente a tia Francisca pode ter recebido esse nome em homenagem a Francisca de Paula de Jesus, a Nhá Chica. Nossa curiosidade então nos fez, mais uma vez, recorrer ao livro de batizados da Igreja Matriz de Cruzília. E lá, no assento de número 173, está o registro:

> Aos vinte e seis dias do mês de dezembro de mil oito centos e oitenta e oito anos, nesta Matriz de N. S. Do Monserrat de Baependy, o V. Jose Silverio Nogueira da Luz com licença parochial baptizou solenemente e pôs os Santos Óleos a Francisca, filha legítima de Cornélio Joaquim Pereira e de D. Gabriela Augusta Pereira, nascida a 29 de abril do corrente anno, e forao Padrinhos Manoel Antonio Pereira e D. America Philomena Pereira. Para constar esse assento que assina.

Da mesma forma, Francisca também não foi batizada por Nhá Chica. O que me intriga é por que Nhá Chica me fez voltar à família de Maria da Conceição. Quando nossa pesquisa encontrou Emerenciana, não fazíamos ideia de que se tratava de uma irmã dela. Sr. Marco Antonio clareou ainda mais porque uma parte dos filhos do casal Cornélio e Gabriela foi parar em Carrancas. E que Emerenciana casou-se com o fazendeiro José Ferreira Leite, "Zeca Ferreira" (falecido em 1945), e eles firmaram residência em Carrancas. Outros três filhos casaram-se com três irmãos da Fazenda do Grão Mogol de Carrancas, sendo Mario Augusto com Ernestina, Ana Augusta com Astremiro e Francisco Cornélio com Aldonira.

Mas por que o Marcio resolveu investigar essa árvore genealógica? Para concluir como o casal proprietário da Fazenda Grão Mogol, Francisco Eugenio e Francisca Iria, também tinha contato com Nhá Chica. Muito provavelmente por causa da união da família com a família de Maria da Conceição. Dessa forma, Francisco e Francisca mantinham contato com Nhá Chica. E foi em uma das visitas que o casal fez à beata que ela salvou a vida da família.

Conta a descendente Ingrid que, no final dos anos de 1800, os tetravôs dela, Francisco e Francisca, tinham acabado de chegar à humilde casa de Nhá Chica em Baependi.

— Meus tetravós plantavam muito alimento aqui: arroz, feijão, milho, faziam fubá num moinho de pedra que tem até hoje... Então, como Nhá Chica era "apertada", humilde, eles sempre levavam uns sacos de doação para ela.

O interesse da jovem por ouvir os mais velhos fez com que a tradição oral fosse passada para ela. Apaixonada por genealogia, Ingrid ouvia com atenção o avô.

— Eu me lembro de que meu avô contava que a avó dele, quando pequenininha sempre queria ir com os pais a cavalo para Baependi ver a Nhá Chica. Mas eles falavam: "Não, você não vai não, Margarida, porque lá é muito longe, muito cansativo e demora a viagem". Mas, mesmo sendo criança, ela ficava louca para ir a Baependi.

E, em mais uma família, uma criança foi batizada em homenagem à amiga Beata.

— Meu avô contava que a irmã da avó dele, a mais nova, recebeu o nome de Francisca de Paula em homenagem à amiga deles tão querida. O apelido dela era "Chichica"; na foto você vê, uma gracinha.

E segue:

— Meu avô contava que a bisavó teve um parto difícil e então a Nhá Chica prometeu ajudá-la com a fé. Rezou por ela. O parto foi bem-sucedido e a menina virou homônima de Nhá Chica.

Voltando à visita que o casal fazia a Nhá Chica, no final dos anos de 1800, antes do falecimento dela... A tetraneta conta que, ao chegar à casinha no alto da colina, Nhá Chica pediu aos amigos Francisco e Francisca que voltassem para casa logo.

— Ela mandou que eles fossem embora de imediato. Eles estranharam, porque Nhá Chica sempre foi muito receptiva. Mesmo assim, deixaram o que tinham levado e pegaram o caminho de volta. E assim que eles estavam saindo, ela avisou: "Vocês não param em lugar nenhum, vocês vão direto pra casa".

O tempo estava ficando fechado, "virado pra chuva". A certa altura do trajeto, ao passar pela antiga "ponte do Narciso", veio uma enchente, uma tromba d'água e levou a ponte. Assim que o casal viu o que havia acontecido, apertou o passo com os cavalos.

— Foi a conta de chegarem aqui na fazenda, soltar os cavalos e o tempo desabou. Foram relâmpagos absurdos. Os relâmpagos mataram a boiada deles aqui no pasto da fazenda. Só depois disso tudo, eles entenderam toda a aflição dela, da amiga Nhá Chica.

A "ponte do Narciso", conhecida assim, era uma ponte frágil, de madeira, usada para travessia de cavalos, carroças e boiada. Ficava dentro de uma fazenda que ainda hoje é cortada pela rodovia que liga Cruzília a Carrancas e onde há uma ponte de concreto.

A história contada por Ingrid é muito semelhante à retratada pela historiadora Maria de Lourdes Ferreira no livro *Família Ferreira: nossas raízes, nossa gente*. De acordo com ela, Ana Candida Ferreira de Araujo Leite, conhecida como Sinhá Donana, era casada com Francisco Antonio Pereira, conhecido como Siô Chiquinho do Morro Grande, Baependi, MG.

Segundo ela, o casal ajudava as obras caridosas de Nhá Chica não só financeiramente, mas também doando gêneros alimentícios. Certo dia, Siô Chiquinho foi a Baependi de carro de boi para levar lenha e mantimentos à amiga. Ao chegar à casa dela, notou que Nhá Chica estava preocupada, de poucas falas e impaciente a ponto de mandá-lo descarregar o carro e voltar de imediato para a fazenda e que deixasse seus negócios para outro dia. Ele também não deveria parar no caminho.

Ao pegar o rumo da fazenda, já na estrada, o tempo começou a mudar com ventos fortes, nuvens escuras, trovões, relâmpagos, muitas faíscas, prenúncio de um grande temporal. Ao chegar à fazenda (Morro Grande), caiu uma tromba d'água que arrastou a ponte que tanto preocupava Nhá Chica. Siô Chiquinho escapou de se tornar vítima devido à premonição da "Santa" amiga.

Os dois relatos, o oral, passado de avô para neta, e o escrito, narrado pela escritora, podem ser verdadeiros e distintos. Como podem ser verdadeiros, tratando-se da mesma família, porém com detalhes diferentes. Nesse caso, não importa a este autor chancelar se um é real e o outro, não. O que importa é que em ambos há a presença de Nhá Chica agindo sob a ação de Deus para proteger seus irmãos.

Carrancas, MG - 1914

Graças

Emerenciana Pereira agradece uma grande graça obtida por intermédio da alma de Nhá-Chica.
Carrancas (Fazenda do «Formoso»).

Adilia Pereira agradece e faz pública uma graça alcançada por intermédio da alma de Nhá Chica.

Agradeço a Nossa Senhora da Conceição, por intermédio de Nhá Chica uma graça alcançada.
José Augusto Junqueira.

GRAÇAS

Emerenciana Pereira Leite agradece e faz pública uma Graça obtida por intercessão da alma de Nha Chica.—Carrancas, Minas.

— Francisco Augusto Vilela, proprietario da fazenda Curralinho, Aiuruoca, agradece a Nha Chica uma Graça alcançada e envia 20$ p\ª.a Capela da Conceição.

3. "NHÁ CHICA, ROGAI POR NÓS"

O dia 14 de junho é o dia escolhido para celebrar Nhá Chica. Contudo, neste ano de 2020, o Santuário da Imaculada Conceição, em Baependi, não pôde abrir as portas por causa da pandemia de Covid-19. Diante da impossibilidade de receber os devotos e fiéis que procuram o local para obter graças e agradecer a intercessão da beata, a Igreja promoveu uma série de participações e celebrações transmitidas pelas redes sociais.

Convidado a participar, enviei um vídeo, testemunhando minha fé e explicando de onde vem essa devoção de família a Nhá Chica. Minha missão, enquanto eu tiver condições, é divulgar a história de Nhá Chica para que ela alcance o maior número de pessoas e para que as pessoas possam ter a experiência de se relacionar com a bem-aventurada, a beata neta e filha de escravos.

Muita gente viu, curtiu, compartilhou o vídeo nas redes sociais. No entanto, uma pessoa em especial merece citação neste momento. É o meu colega de profissão, jornalista e repórter

Lucas Sarzi, de Curitiba (PR), que conheci em julho de 2017, no Rio de Janeiro, quando participamos do Estágio de Preparação para Jornalistas e Assessores de Imprensa em Áreas de Conflito (EPJAIAC), no Centro Conjunto de Operações de Paz do Brasil "Sergio Vieira de Mello". Lá, por uma semana, ao lado de outros 38 jornalistas, vivenciamos um período de aprendizado enorme, coordenado pelo então Major do Exército Anderson Felix. Passados aqueles dias de convivência intensa, nunca mais estive pessoalmente com Lucas (falávamos um com o outro apenas pelas redes sociais). Até que, no dia 16 de junho deste ano, recebo a seguinte mensagem do colega:

— Cara, eu "tô" assustado com o poder da Nhá Chica! Não "tô" nem conseguindo trabalhar aqui.

Ao ler a mensagem, imediatamente me preocupei em responder a ele, na ânsia de ser algo grave e eu poder auxiliá-lo de alguma forma.

— Eita, Lucas! Sério? Me conta!

— Vou resumir "procê"... Eu fui demitido da Tribuna do Paraná em dezembro, né? Desde então, "tô" na loucura buscando emprego. Em março, consegui um *freela* (trabalho de freelancer) na RICTV (Record daqui) e desde então estou lá. Eles me deram a chance de ir para o vídeo, fazendo tudo ao mesmo tempo (eu mesmo tenho as ideias das pautas, produzo, marco com personagens etc.; filmo, só não edito, hahahaha). Acontece que meu contrato venceria agora no dia 12 de junho. Tinham tentado renovar até o dia 30 de setembro, mas não deu certo, pois não tinham aprovado. No dia 14, eu vi um vídeo seu sobre Nhá Chica, e isso ficou na minha cabeça... Anteontem, eu rezei, à noite. Ontem, eu rezei e acendi uma vela, fiz uma promessa de também falar sobre ela para que se tornasse mais conhecida... Hoje, eu recebi um e-mail do jurídico da TV me avisando que renovaram o contrato até setembro! O mesmo contrato que não tinha sido aprovado foi assinado pelo presidente e aprovado! Eu pedi a ela a chance de poder continuar realizando meu sonho, que sempre tive, de fazer TV. Em troca disso, prometi falar sobre ela quanto eu pudesse...

Antes mesmo de terminar de ler a mensagem, eu já estava derramando lágrimas pelo testemunho desse jovem colega jornalista. Acha que eu consegui responder escrevendo? Tomado pela emoção e ainda com a voz embargada, liguei para ele e só consegui dizer:

— Você está me deixando emocionado aqui. Nossa! Que alegria saber disso. Que alegria! Fico muito feliz que você tenha encontrado nela o suporte e, se você aprofundar as pesquisas sobre ela, vai ver que ela falava que não fazia milagres, mas que rezava com fé e intercedia. Então, sempre conversando com ela, eu pedi a ela que intercedesse por mim. Estou muito feliz por você, parabéns! Estou arrepiado aqui! Que alegria receber essa resposta sua, esse seu testemunho.

— Cara, eu sempre fico arrepiado com essas histórias. Quando nasci, eu poderia ter apresentado algum problema, era para eu ter paralisia total. Minha mãe rezou para Nossa Senhora Aparecida e o teste do pezinho deu errado, vamos dizer assim, ninguém nunca entendeu. Então, eu tenho uma ligação muito forte com Nossa Senhora, sabe? Mas quando vi o seu *post*, veio muito em minha mente assim: "Reza pra ela, pede a ela". Eu pedi, assim, uma licença para Nossa Senhora, para eu rezar a Nhá Chica, que eu não conheço. Eu falei isso! Rezando, eu falei para a própria Nhá Chica: "Olha, não te conheço, mas eu 'tô' querendo te conhecer. Então, eu 'tô' te permitindo entrar na minha vida". E olha o que aconteceu, claro, é uma coisa pequena para as outras pessoas, mas pra gente é grande, né. E meu Deus! Eu não saberia quem é ela se não fosse por você. Por isso que eu te chamei pra contar. Porque eu "tô" realizando um sonho, sabe, tá sendo sensacional. Eu "tô" trabalhando pra caramba. Eu pedi isso pra ela, e eu quero conhecer mais mesmo. Quero ler livros e ir lá pra Minas Gerais pra conhecer mais de pertinho. Muito obrigado mesmo, pela força sem saber!

— Vale a pena você conhecer a história dela. Você vai gostar demais. Venha pra cá pra gente ir junto. E que coisa bonita essa sua história com Nossa Senhora Aparecida, viu!

— Nossa me arrepiei aqui com a ideia de irmos juntos. Vamos juntos então. Quero que você me leve lá, já que você me presenteou com ela sem saber. Muito obrigado mesmo! O momento não está fácil, mas Deus está dando provas pra gente de que Ele está do nosso lado.

Lucas registrou o agradecimento dele em uma publicação nas redes sociais:

> Parei tudo que estava fazendo aqui porque me senti na obrigação. Essa da foto é Nhá Chica, beata que viveu em Minas Gerais. Analfabeta e filha de escrava, Francisca de Paula de Jesus, a Nhá Chica, nasceu em Santo Antônio do Rio das Mortes, pequeno distrito de São João del-Rei. Mas foi em Baependi, no sul de Minas, onde dedicou-se aos mais necessitados ficando conhecida como a "mãe dos pobres".
>
> Nhá Chica, já em vida, passou a ser aclamada pelo povo como a "Santa de Baependi", por sua fé. Ape-

sar disso, passou por todo um processo de beatificação que levou anos, muitos anos. Ela foi beatificada em 2013. Por que estou falando dela agora? Eu soube de Nhá Chica pelo Marcio Campos e num dia em que eu precisava muito de respostas. Rezei, pedi a ela e prometi que a tornaria cada vez mais conhecida como forma de gratidão, se o que eu pedi fosse atendido.

Hoje recebi essa resposta. Um dia depois de rezar. Com muita surpresa, a resposta foi bem mais positiva do que eu imaginava. E me senti no dever de começar a falar sobre mais essa santa brasileira. Nhá Chica, rogai por nós!

O testemunho que o Lucas nos deu, como ele mesmo grifou, parece "pequeno". Pode realmente parecer, para os dias de hoje, em que com um clique conseguimos nos comunicar com alguém, descobrir uma informação, pesquisar um nome. No entanto, no final do século XIX, Nhá Chica auxiliava as pessoas com suas orações e sensibilidade para os mais variados pedidos. Como no caso do bisavô de Paulo Roberto.

4. O CAVALO DO BISAVÔ

Quarta-feira, 5 de agosto de 2020. Eu e o cinegrafista Raphael Cadamuro aguardávamos na recepção de um prédio comercial da rua São Bento, no centro de São Paulo. O porteiro fazia nosso cadastro para que pudéssemos ter acesso a uma das salas onde realizaríamos uma gravação. Um rapaz, que chegou logo após, esperava a vez dele. Ficou meio de lado, mas atento às informações que eu repassava ao porteiro. Quando abaixei a máscara para realizar o cadastro fotográfico, o rapaz teve a certeza de que realmente eu era o repórter que ele acompanha pela Band. Ao dar um passo à frente, começou a confirmar:

— Eu vi, um dia, você dizer na TV que nasceu em Cruzília. Olha meu RG, eu também sou de Cruzília!

Bom, não preciso nem dizer que era o que eu precisava para estender o bate-papo. Um dedinho de prosa entre dois mineiros nunca se pode deixar de aproveitar. O rapaz logo emendou:

— Nasci em Cruzília, fui criado em Caxambu, mas meu batizado aconteceu em Baependi.

— Ahhhh, tenho certeza de que foi na Igreja construída por Nhá Chica.

Ele confirmou. Era o que eu precisava para seguir em frente.

— Você tem alguma história bonita ou um testemunho para me contar sobre Nhá Chica?

— Sim! Tenho! Minha avó conta que a história que falam do "milagre do cavalo" aconteceu com meu avô, pai do meu pai.

Essa história é uma das várias que permeiam o livro *Nhá Chica: sua vida e seus milagres*, de Helena Ferreira Pena. A avó de Paulo Roberto, por causa da idade avançada, não mais consegue conversar, mas a mãe de Paulo sim!

No dia seguinte ao nosso encontro, liguei para Dona Roselena Aparecida de Moura. Ela não esperava minha ligação, mas me confirmou toda a história.

— Sim! O homem que foi até Nhá Chica pedir ajuda para encontrar o cavalo era meu avô, Joaquim Carolino dos Santos, pai do meu pai. Há anos, minha avó conta essa história pra gente, mas ela ficou muito conhecida quando Nhá Chica foi beatificada. No livro não fala que é meu avô, mas é!

Conta ainda o livro que Dona Filomena Abrão presenciou quando o homem chegou à capela para pedir a Nhá Chica que rezasse para que ele encontrasse o cavalo. Após o homem relatar que estava ali porque o cavalo havia sumido, Nhá Chica afirmou que não precisava se preocupar, pois o animal ia aparecer.

— Seu cavalo? Ele não sumiu... pois está lá mesmo atrás da casa.

— Não é possível – replicou o homem.

— Pois pode ouvir sossegado a reza, que daqui a pouco seu filho chegará montado no animal.

Quando terminou a oração, estava à porta da Igreja o cavalo que havia desaparecido.

5. O JOVEM DEVOTO

Esse encontro que acabo de narrar aconteceu já quando eu havia começado a escrever este testemunho. Entretanto, antes, no dia 28 de julho eu havia acertado com a CEO da Angelus Editora, Maristela Ciarrocchi, durante um café, que começaria a organizar o livro.

Durante nosso rápido bate-papo, discutimos os prazos e as possíveis datas de entrega do trabalho e de lançamento da obra. Em seguida, fui para casa e, já quase chegando, recebo uma ligação no celular. Era um jovem da cidade de Carvalhos, Fabricio Arnaut. O rapaz sofre de amiotrofia espinhal tipo 3 e entrou em contato comigo para que, de alguma forma, eu pudesse auxiliá-lo para que o governo de Minas Gerais cumpra o que havia sido decidido pela Justiça: um pedido deferido pelo STJ no dia 19 de dezembro de 2019 para que o governo mineiro compre o medicamento do qual ele necessita. Mesmo diante de uma decisão judicial, o remédio não foi fornecido para que Fabricio pudesse continuar o tratamento e evitar a progressão da doença.

Antes mesmo de comentar algo sobre sua situação, o jovem afirmou:

— Eu sei que você é devoto de Nhá Chica e estou aqui diante dela pedindo todos os dias que nossos esforços tenham resultado.

Fui tocado mais uma vez e senti que Fabricio havia sido escolhido para me trazer essa mensagem. Tocar no nome de Nhá Chica naquele momento em que eu acabara de sair de uma reunião sobre este livro era como receber uma mensagem: "Vá, Marcio, siga em frente! Toque este projeto". Eu me emocionei e dividi com Fabricio esse sentimento, mas, inicialmente, acabei não dizendo a ele. Apenas perguntei:

— Fabricio, por que você está me falando sobre Nhá Chica?

Ele simplesmente dizia que não tinha preparado para falar sobre ela, mas que sentiu na hora a vontade de falar dela para mim.

Nhá Chica sendo Nhá Chica!

6 · A FAMA DE NHÁ CHICA

Helena Pena, em sua obra, ainda relata que Nhá Chica era completamente analfabeta e não conhecia a vida dos santos, mas praticava voto de pobreza. Tinha um irmão por nome Theotonio, que era casado com Dona Heleodora e possuía bens. Quando Nhá Chica ficara órfã, ele insistiu em levá-la para ficar em sua companhia, mas ela recusou terminantemente, atendendo aos conselhos de sua mãe: "Não seja comadre de ninguém e não more com ninguém". Assim fez, vivera sempre só, entregue "à vontade de Deus e à prática do bem".

Não se sabe ao certo quando foi a primeira vez em que uma ação praticada por Nhá Chica chamou a atenção da comunidade, ou mesmo qual teria sido essa ação. Contudo, logo a fama dela se espalhou e, em pouco tempo, gente de muitos lugares passou a frequentar a pequena cidade de Baependi, no sul de Minas Gerais.

GRAÇAS ALCANÇADAS

Graças
Maria Almeida agradece uma graça alcançada por intermédio da venerada alma de Nhá Chica por sua irmã. — São Lourenço.
— O sr. cel. Francisco Ferreira Alves dos Reis e exma. sra. Marieta Reis, Rio de Janeiro, agradecem de coração a graça concedida por intermédio da alma de Francisca Paula de Jesus (vulgarmente conhecida por Nhá Chica) e dão a esmola prometida de Cr$ 500,00 para as obras da Igreja.

Graça de Nhá Chica
Faço público que obtive uma Graça por intermédio da venerada Nhá Chica, pelo que, farei celebrar missa na capela da Conceição.
Baependí, 22 - 4 - 37.
Ernesto Brazilio.

NHÁ CHICA
Manuel M. Penha, por ter obtida e em agradecimento a uma grande graça alcançada por intermédio da alma venerada de Nhá Chica, fês celebrar uma missa e manda publicar êste.

NHÁ CHICA
Celina Ferreira Ottoni agradece a Nhá Chica uma grande graça alcançada.
Ourinhos — São Paulo.

Maria Brazilio Ferreira agradece a Nhá Chica muitas graças obtidas por seu intermédio.
Baependí.

GRAÇAS DE NHÁ CHICA
Nossa digna conterrânea d. Maria do C. Mota de Sousa, esposa do sr. José Augusto de Sousa, de Leopoldina, comunica-nos ter obtido valiosa graça, por intermédio de Nhá Chica.

Nhá - Chica
Juvenal Júlio Pereira mandou celebrar missa na capela Nhá-Chica (Igreja da Conceição) em Baependí e ofertou 100$000 para obras da dita capela, em cumprimento de um voto de sua esposa Amélia M. Pereira.
Caxambú, agosto 1938.

Graça
Ana Ribeiro de Carvalho, agradece por intermédio da alma de Nhá Chica uma graça alcançada.
Encruzilhada, novembro de 1943.

GRAÇAS
Emerenciana Pereira Leite agradece e faz pública uma Graça obtida por intercessão da alma de Nhá Chica. — Carrancas, Minas.

— Francisco Augusto Vilela, proprietário da fazenda Curralinho, Aiuruoca, agradece a Nhá Chica uma Graça alcançada e envia 20$ pª a Capela da Conceição.

Graças

Maria Vera Pereira Leite agradece a Nª. Sª. da Aparecida e Santa Terezinha uma graça alcançada em favor de seu irmãozinho Marco Antônio.

— Agradeço e faço públicas duas graças obtidas por intercessão da alma de Nhá Chica. Baependí, agosto 43. —José Toledo Pereira.

— Uma devota agradece uma graça alcançada por intercessão da alma de Nhá Chica. Caxambú, 23-6-43.

Graças

Manuel Pereira Penha, de Silvestre Ferraz, envia Cr$ 500,00, por uma promessa que fez a Nhá Chica, em benefício de sua filha Nenzica, que restabeleceu-se de grave moléstia e envia, também, Cr$ 25,00 para as Obras da Capa.

— Ary R. Meireles agradece 3 graças alcançadas por intermédio da alma de Nhá-Chica e envia Cr$ 50,00 para as obras da Igreja. — Conceição do R.Verde

— Anésia de Figueiredo Junqueira agradece uma graça alcançada por intercessão da alma de Nhá Chica, enviando uma esmola angariada entre si e seus irmãos, para as obras. (Cr$80,00).
— Caxambú, fazenda «Glória».

Graças

Pedro Martins de Oliveira Campos agradece e faz pública uma grande graça obtida por intercessão da alma de Nhá Chica. Cruzeiro, setembro 43.

—— Cornélia Pereira Maciel (Nelica) agradece uma graça alcançada por intermédio da alma de Nhá Chica. Baependi, out. 43.

Graças

Emerenciana Pereira agradece uma grande graça obtida por intermédio da alma de Nhá-Chica.
Carrancas (Fazenda do «Formoso»).

—

Adilia Pereira agradece e faz pública uma graça alcançada por intermédio da alma de Nhá Chica.

—

Agradeço a Nossa Senhora da Conceição, por intermédio de Nhá Chica uma graça alcançada.
José Augusto Junqueira.

---

esta correspondencia com o seguinte escrito:

«NHA' CHICA

Há 42 anos, no dia 14 de junho, entregou sua santa alma a Deus esta mulher prodigiosa. Natural de S. João del Rei, reduzida á orfaudade, transferiu ela sua residencia para Baependí, trazendo consigo uma pequena Imagem de Nª. Srª. da Conceição. Construiu uma modesta ermida, que mais tarde tornou-se o Santuário que foi e é visitado por pessoas católicas, testemuuhando sua gratidão pelas graças recebidas por esta santa alma.

Nós, católicos, devemos nos unir por um só ideal; angariar assinaturas em um album para ser endereçado aos dignos príncipes da Igreja Católica, pedindo a canonização desta serva de Deus, que será levada ás horas dos altares como primeira santa do Brasil.

Avelino Costa".
— Guido.

GRAÇAS

Maria Lavorato agradece a Nhá Chica três graças alcançadas e envia 50$000 de esmola para a Capela da Conceição.—Baepeudi.

8. TESTEMUNHOS DE FÉ

Para manter a tradição, fui em busca de devotos que, de alguma forma, gostariam de expressar a gratidão ao relatar as graças que alcançaram. São testemunhos que reforçam a intercessão de Nhá Chica por quem pede com fé:

O MILAGRE DA FAIXA PRETA

Denise Maciel Selmo
Professora (São Paulo - SP)

O ano era 2014, e descobrimos que meu filho, Gabriel Maciel Selmo, sofria de seriíssima escoliose. Um desvio de mais de 50 graus. Perante a gravidade do desvio, o médico indicou uma cirurgia na coluna, que seria fixada com pinos e hastes num procedimento delicado e perigoso. Chorei muito quando soube. Meu filho luta *taekwondo*, e a cirurgia impediria a tão sonhada faixa preta e outras atividades físicas de que ele gosta.

Começamos então a encaminhar exames para a futura cirurgia. Nesse período, fomos convidados para um noivado na cidade de Baependi. No caminho, fomos lendo muitas placas sobre Nhá Chica, que até então não conhecíamos.

No noivado, conhecemos um senhor que tinha sido curado por intercessão de Nhá Chica. Ele nos mostrou até uma pasta com documentos do milagre. Imediatamente, quisemos conhecer melhor sua história e fomos à Igreja. Chegando lá, oramos para que ela nos mostrasse uma forma de Gabriel conviver com a escoliose sem necessidade de cirurgia.

Alguns dias depois, conversando com um primo médico pediatra, ouvimos dele que não fizéssemos a cirurgia, que procurássemos outros médicos. Foi o que fizemos e descobrimos que o que havia causado sua escoliose era o fato de uma perna de Gabriel ser mais curta que a outra. Começamos a tratá-lo com uma fisiatra e continuamos a orar a Nhá Chica, voltando a Baependi pelo menos uma vez por ano.

Finalmente, em 2019, descobrimos a quiropraxia, que hoje em dia ajuda Gabriel a lidar com sua escoliose sem necessidade de intervenção cirúrgica. Suas dores diminuíram muito, e ele hoje sabe como se posicionar para não forçar sua coluna.

Desde então, oramos para Nhá Chica quando temos alguma enfermidade na família, e sua imagem está de frente para nossa porta para nossa proteção e para impedir que a Covid-19 nos atinja. Tentamos ir pelo menos uma vez por ano a Baependi para agradecer à nossa querida beata.

A propósito, meu filho hoje é faixa preta em *taekwondo*!

Obrigada, Nhá Chica!

NHÁ CHICA AMA A PEQUENA E GRANDE ESTRELA

Rita do Amaral Campos
Técnica em enfermagem e catequista há 40 anos
(Cruzília - MG)

No dia 16 de janeiro de 1999, às 15 horas, chega à Associação Beneficente Nhá Chica (ABNC) a pequenina Joice, que foi acolhida pela Irmã Míriam e acompanhada pelos agentes do Conselho Tutelar de Baependi.

O pedido de internação foi feito pelo juiz local, concedendo, após poucos dias, a Retirada do Pátrio Poder dos Pais. Joice foi prematura. Passou por várias provações de saúde. Ela ficou um ano e quatro meses sendo alimentada por um pinga-gotas, pois não conseguia sugar a mamadeira. Estava sob os cuidados de Irmã Claudine, que, um dia, sentou a menina no túmulo de Nhá Chica e pediu a graça de encontrar um meio de alimentá-la. No outro dia, ela começou a sugar a mamadeira!

Todos se alegraram com o milagre da Beata Nhá Chica. Joice era companheira de Irmã Claudine. Onde Irmã Claudine estava, Joice também estava.

No dia 4 de outubro de 2008, eu, meu esposo (Hélio) e meu filho (Luiz Eduardo), fomos conhecer a pequena Joice, e daí nascia em nossos corações a nossa segunda filha... Em 2009, veio cheia de sonhos, desejos de estudar. Estudou o Ensino Fundamental, foi para o colégio São Sebastião, conheceu a Escola Família Agrícola de Cruzília (EFAC).

Sua saúde, porém, teve ainda dois grandes momentos da intervenção Divina, quando foi necessário fazer duas cirurgias. Mais duas vezes, clamamos a Nossa Senhora e à Beata Nhá Chica pela vida da Joice. Já faz dois anos que ela foi operada. Está curada. Logo após, formou-se na EFAC, e sua paraninfa foi a Irmã Claudine.

Nossa maior alegria é sermos chamados de mamãe e papai do coração... Ela é o milagre vivo de Nhá Chica!

O CRÉDITO É DE DEUS E DE NHÁ CHICA

Liana Obata
Jornalista (São Paulo - SP)

Ulisses M. Obata, aos 2 anos, foi diagnosticado com um tumor cerebral que lhe causava hidrocefalia. Na época, foi colocada uma válvula para derivação do líquido e o tumor foi acompanhado através de ressonância magnética. Durante mais de três anos, o tumor não cresceu e não causou nenhum dano, mas, no final de 2010, os olhos começaram a ficar com as pálpebras caídas (ptose). Realizados exames numa clínica especializada, foi levantada a hipótese de que a ptose era de origem neurológica. Após uma nova ressonância, analisada pelo seu neuropediatra, Dr. Sergio Cavalheiro, o tumor havia crescido e tinha de ser removido. Uma cirurgia delicada e demorada foi realizada no dia 2 de fevereiro de 2011, no Hospital Santa Catarina. Após mais de dez horas de procedimento, ele retornou à UTI, e estava bem!

O tumor havia crescido muito, uma própria veia o alimentara... Na manhã seguinte, não acordou, e uma tomografia de emergência mostrou que tinha muito ar em sua cabeça e que precisava novamente de uma intervenção cirúrgica. A família ficou muito abalada. Durante a operação, houve um sangramento que complicou demais suas funções cerebrais. Após mais de oito horas, ele retornou entubado, e permaneceu assim por cinco dias e mais vinte dias em coma vigil.

A família, os amigos, os amigos dos amigos, a escola, todos em uma grande corrente pediam o seu retorno, que começou no dia 21 de fevereiro, com pequenas palavras. Ele foi reaprendendo a comer, andar, enxergar e até ouvir, tudo aos poucos e muito comemorado!

Teve alta hospitalar em 13 de março, porém, em 16 de abril, após uma dor de cabeça incontrolável, foi novamente hospitalizado para a troca da válvula que estava entupida devido ao sangramento do procedimento anterior... Milagrosamente, uma hora após a troca, ele retornou à UTI, falando e compreendendo TUDO!

Dois dias depois, já estava em casa e, em uma semana, na escola. Durante um mês, ficava poucas horas; em junho, já lia e escrevia como todos! Em setembro, já voltava para a natação! E hoje está forte!

Das promessas:

Deu quase tudo errado... Mas, quando temos 1% de chance, devemos ter 100% de fé!

Os médicos não acreditavam que ele sobreviveria àquelas

primeiras horas, tanto que se surpreenderam ao nos encontrar na porta da UTI, e não no necrotério.

O estado era gravíssimo, a expectativa, quase zerada, mas confiamos e cada um, à sua maneira, procurou na fé resistir, persistir e, sobretudo, crer.

Eu fiz promessa a Nossa Senhora Aparecida, tatuei sua imagem e mantenho acesa uma vela de sete dias. Aos santuários de Frei Galvão e Santa Cabeça retornamos várias vezes para agradecer, praticamente íamos uma vez por mês, até que minha mãe começou a adoecer... E pedi também para o Padre Leo...

Maurício, ministro da Igreja de Liberdade, fez promessa a Bom Jesus dos Pobres; a avó materna e dona Maria de Mirantão, a Nhá Chica; meu irmão e minha cunhada prometeram acompanhar o pagamento de todas as promessas com o filho e minha mãe!

Ulisses é um menino de 15 anos e encontrou na Igreja a força para continuar!

A VISITA DE NHÁ CHICA

Ruth Thereza Fontes Blota
Socióloga (São Paulo - SP)

Eu me sentia muito bem, mas meus exames de sangue acusaram que minhas enzimas do fígado não estavam normais. Como de hábito, pedi a Nossa Senhora que cuidasse da minha saúde. Os médicos não deram muita atenção ao resultado dos exames, argumentando que eu estava muito bem de saúde.

Em determinado dia, em 1995, eu acordei com uma senhora entrando no meu quarto. Ela era bem idosa, com roupas longas, um lenço no cabelo e uma espécie de bengala na mão. As roupas eram de escrava, mas a pele era clara. Essa senhora se aproximou de mim e disse: "Que Jesus Cristo tome conta do seu corpo", enquanto me jogava água com aquele instrumento que os padres usam para benzer os fiéis na Missa. Depois de repetir essa frase várias vezes, a senhora saiu pela minha janela.

Quando eu "acordei", não havia mais vestígios da mulher.

Meses depois, eu descobri que tinha o vírus da hepatite C, contraído em uma gravidez de trompa, em 1974.

Foi um processo complicado. Precisava decidir entre iniciar o tratamento, bem agressivo na época, ou esperar para testar o medicamento experimental que, embora muito promissor, não tinha chegado ao Brasil. Os médicos mudaram o discurso e pediam pressa para que eu iniciasse o tratamento.

Um dia, visitando um frei amigo, eu me deparei com a imagem da mulher que havia entrado no meu quarto e desaparecido como por encanto. Ele me contou sobre Nhá Chica, e comecei a pesquisar sobre a mulher milagrosa de Baependi. Com muita oração, os médicos decidiram que, no meu caso, seria melhor esperar o tratamento menos agressivo. Logo que ele chegou, minha médica conseguiu que eu fosse incluída no protocolo de pesquisa. Foi como se eu tivesse tomando placebo. Não senti nada. Alguns meses depois, o exame comprovava: eu estava curada.

Obrigada, Nhá Chica!

FÉ E GRATIDÃO

Eduarda Mendes de Moraes
Odontopediatra e cozinheira (São Paulo - SP)

Em julho de 2014, nosso filho, Murilo, teve um problema muito sério de saúde que quase lhe custou a vida. Desesperada, pedi muito a Deus, Nossa Senhora e Santo Antônio por sua vida e saúde. Murilo se recuperou, e, após sua alta hospitalar de 25 dias de internação em UTI, semi-UTI e quarto, Marcio encontrou-se durante a semana com Camila e, sensibilizado com o que vivemos, deu a ela uma relíquia de Nhá Chica para me entregar, pois Camila contou que nós éramos católicos e tínhamos muita fé. Camila nos entregou a relíquia no domingo, e foi quando conheci Nhá Chica. Agradeci muito a você pelo carinho. Quando a Anna (ex-mulher do meu filho) e o Murilo chegaram em casa, naquele mesmo dia, mostrei a eles, para contar da sua delicadeza e da sua sensibilidade com nossa família.

A Anna viu a relíquia e falou que achava que a mulher do amigo do Murilo (Adauto) havia comentado alguma coisa sobre Nhá Chica. Ligou para ela na hora e ficou sabendo que a mãe do Adauto, que mora em Caxambu, havia feito uma promessa em Baependi para Nhá Chica, pela saúde do Murilo. Fiquei muito emocionada, pois na hora entendi que Nhá Chica fez com que eu soubesse de sua intercessão. Agradeci, rezei e prometi ir a Baependi, promessa cumprida em 6 de julho de 2016, com visita à Igreja de Nossa Senhora da Conceição e muita fé e emoção. Assistimos à missa, conhecemos a capela, a casa onde viveu e a obra em torno da igreja.

Carrego sempre comigo a relíquia e no coração o reconhecimento, fé e a gratidão eterna a Nhá Chica. E nunca vou conseguir agradecer totalmente a graça que recebemos.

9. O MILAGRE DA BEATIFICAÇÃO

— O que a senhora tinha de fazer está feito, muito bem-feito! Alguém costurou este coraçãozinho aí. A senhora não vai mais precisar de cirurgia. A senhora está muito bem.

Foram essas palavras que a professora Ana Lúcia Meirelles Leite, de Caxambu, cidade vizinha a Baependi, ouviu do médico em Belo Horizonte após realizar um exame. A resposta do médico confirmou a certeza da professora. A cura do problema que os médicos descobriram no coração dela era um milagre. **O primeiro milagre de Nhá Chica.**

Ana Lúcia conta que, em 1995, sofreu "uma isquemia transitória nas duas vistas" e isso a fez perder a visão por alguns instantes. Além de perder a visão, tinha problemas de desmaios. Logo que apresentou o problema, entrou em desespero e clamou:

— Nhá Chica, Nhá Chica, não quero ficar cega! — Era o

que dizia a professora, tateando da varanda de casa até o quarto, onde se deitou chorando, mas sem deixar de lado a esperança e a fé, que nunca lhe faltaram.

Os exames realizados apontaram uma obstrução de carótida e ela precisaria passar por uma cirurgia imediatamente, porque já havia uma hipertensão pulmonar muito alta, o que afetava não só o pulmão como também o coração.

Contudo, em uma das consultas com o médico cardiologista, Marcos Antonio Cardoso Vieira, ele suspeitou de que se tratava de um "sopro", que seria a causa da comunicação interatrial, que é um buraquinho entre o átrio esquerdo e o átrio direito, que deu origem ao sopro. A suspeita do médico foi confirmada pelos médicos do Hospital Beneficência Portuguesa, em São Paulo, onde a professora passou por um cateterismo. Na volta, o médico informou Ana Lúcia de que o problema só se resolveria com uma cirurgia.

— Na hora em que marcaram a cirurgia, eu peguei firme com ela: "Nhá Chica, me ajuda, eu tenho medo de cirurgia cardíaca, não quero morrer já não, ainda tenho umas coisas para arrumar aí". Conversei com ela e me apeguei ainda de uma forma mais forte, pedindo que me ajudasse.

Três dias antes da cirurgia, a professora teve febre e avisou o médico Marcos Antonio.

— Aí eu liguei e ele falou: "Bota aí um termômetro e vamos ver". Eu estava com quase 39 de febre.

O médico então disse que ela precisava esperar pelo menos sete dias para operar, e cancelou a cirurgia.

— Eu falei: "Ah, Nhá Chica, você não quer que eu vá,

né? Eu vou morrer lá mesmo, né? Então não vou mais não". E botei aquilo na cabeça, que ela havia me curado e que ia dar tudo certo.

A professora desapareceu do consultório e voltou apenas seis meses depois, quando levou a maior bronca do médico.

— Como pode? Você aparece desse jeito e quando quiser operar não vai ter mais jeito.

Ela declarou:

— Não! Eu fui operada já!

— Mas quem a operou? Eu tinha combinado de você ir a São Paulo.

— Não! Eu me apeguei com Nhá Chica e eu "tô" curada.

Seis meses se passaram, e a professora já estava muito melhor. Entretanto, pressionada pelos médicos, ela refez os exames para saber como estava. Em Belo Horizonte, ela fez o ecocardiograma transesofágico. Ao contrário das outras vezes, em que o médico terminou o procedimento em quarenta minutos, dessa, passou de duas horas.

— Eu tive muito medo! Nervosa, chorando e, como estava entubada, não podia nem falar.

Após o exame, ouviu do médico:

— Judiei da senhora, Dona Lúcia!

— Judiou mesmo, Dr. Fernando, o que aconteceu comigo?

Ele disse assim:

— Dona Ana Lúcia, a senhora operou?

— Não, doutor! Eu ia operar, tive febre e não fui. Só agora "tô" voltando pra refazer os exames.

— O que a senhora tinha de fazer está feito, muito bem-feito! Alguém costurou esse coraçãozinho aí.

— Foi minha santa de Baependi!

— Pois é, a Medicina e a Ciência não explicam o que aconteceu com a senhora. A senhora não vai mais precisar de cirurgia. A senhora está muito bem.

Era dia 26 de abril de 1996, mesmo dia do batismo de Nhá Chica.

Não satisfeito, o médico de Baependi pediu à professora que repetisse o exame em outro laboratório, de outra cidade, com outro médico, que não soubesse o que havia acontecido. E, mais uma vez, o mesmo resultado: a comunicação interatrial não estava mais lá.

— Eu tenho certeza de que foi Nhá Chica, sem dúvida nenhuma! Eu só pedi a ela!

Depois da avaliação da comissão formada para estudar o caso, o Vaticano reconheceu o milagre. Ana Lúcia é a primeira Miraculada de Nhá Chica, aquela que foi beneficiada, com comprovação científica ou popular, com base em relatos de uma graça obtida por meio de oração, definidos como extraordinários no âmbito da Igreja Católica Apostólica Romana.

Diante do reconhecimento, o Papa Bento XVI assinou, no dia 28 de junho de 2012, o decreto que reconhece Nhá Chica como beata. Nesse mesmo dia, a professora Ana Lúcia completava 68 anos de vida. O Vaticano realizou a beatificação de Nhá Chica no dia 4 de maio de 2013, em Baependi, quando a professora Ana Lúcia, ao lado da Irmã Claudine Ribeiro, levou uma relíquia da beata até o altar da celebração presidida pelo Cardeal Angelo Amato, prefeito da Congregação para as Causas dos Santos e representante do Papa Francisco.

10. O MILAGRE DO BISPO

Capela do Distrito de Rio das Mortes, zona rural de São João del-Rei, 16 de novembro de 2013. O Bispo Dom Waldemar Chaves de Araújo estava lá para celebrar um casamento. Após a cerimônia, ele sentiu as vistas se escurecendo e "uma fraqueza absurda", o que o fez pedir a uma senhora que o conduzisse à saída. Enquanto buscava força para caminhar, apoia-se em um móvel. Sem saber onde se apoiava, pergunta à mulher:

— Onde estou segurando?

Ela respondeu que era a pia em que a Beata Nhá Chica tinha sido batizada. Foi nesse momento que o bispo fez o pedido a Nhá Chica: se fosse para ele continuar a fazer mais alguma coisa, que ela então intercedesse e o curasse, senão ele estava pronto, Deus podia levá-lo. Em seguida, entrou no táxi para que o motorista o levasse até o hospital, em São João del-Rei.

O relato é da sobrinha de Dom Waldemar, que foi bispo em Teófilo Otoni e em São João del-Rei. Marcia esteve com o tio no Santuário de Nhá Chica, em Baependi, em junho de 2016, para testemunhar a intercessão da beata brasileira. No altar, diante da Igreja tomada pelos fiéis, ela contou:

— Ao ser internado em São João del-Rei, passou por exames que mostraram uma taxa de 6.5 de hemoglobina. Logo em seguida, passou por uma transfusão de sangue de urgência e ficou internado por quatro dias. Lá, eles não conseguiram fazer o diagnóstico.

Sem diagnóstico do que havia acontecido, Dom Waldemar procurou um especialista, em Lavras. Lá fez exame de mielograma, que constatou uma Leucemia Linfocítica Aguda (LLA).

— Eu estava junto. Fiz a transferência dele. O médico que o atendeu me chamou e me disse que ele teria três meses de vida e que também estava com uma infecção hospitalar. Ficou internado em Lavras por uma semana, depois foi direto para Belo Horizonte para uma clínica hematológica. Lá, o prognóstico era de um ano. Ele ficou três meses e 17 dias internado e teve alta para morrer em casa. Chegou em casa, fomos tentar de novo a quimioterapia em Lavras. Ficou um mês e conseguiu. As plaquetas chegaram a mil. Foram três pneumonias, mas por vontade de Deus e intercessão de Nhá Chica, aqui está ele. Ele teve alta da químio no dia 28 de outubro, dia de São Judas Tadeu e, por esses dias, dia 8, fez controle da leucemia. Os exames estão ótimos! E os médicos não conseguem explicar por que ele está aqui. Nós sabemos o porquê, né! É um grande milagre pra nós. Ainda não foi admitido oficialmente pela comunidade médica, mas nós, da família, sabemos que é um milagre de Nhá Chica. E é isso!

O relato, acompanhado pelo tio que celebrava a Missa, foi encerrado com uma intensa salva de palmas de todos que ocupavam o Santuário que guarda as relíquias da "Santa de Baependi".

11. DE SÃO JOÃO DEL-REI A BAEPENDI

Quem chega ao vilarejo encontra uma placa que anuncia que ali foi batizada Nhá Chica, a réplica de uma pia batismal no lugar onde aconteceu o batismo e uma capela. É um lugar de introspecção, reflexão e calmaria no coração.

Santo Antônio do Rio das Mortes Pequeno, reduzido apenas para Rio das Mortes, é um dos cinco distritos de São João del-Rei. Foi lá, no sítio "Porteira dos Villelas", também chamado de Sítio do Atalho ou Morro do Cascalho, que nasceu em 1808 a menina Francisca. Assim conta o historiador, José Antonio de Ávila Sacramento, em seu artigo "Nhá Chica, a Santa do Rio das Mortes", publicado originalmente na *Revista da Academia de Letras de São João del-Rei*, em 2006, nas páginas 141-161.

No dia 26 de abril de 1810, aparece o primeiro documento que relata a existência de Nhá Chica, dia em que ela foi batizada, e consta no batistério o nome de Francisca Paula de Jesus, filha de Izabel Maria. Os primeiros escritos sobre a biografia de Nhá Chica falam que a avó dela se chamava Roza Banguela ou

Benguela (era comum designar os escravos pelo nome da região africana de onde provinham).

Contudo, em recente biografia assinada pela historiadora Rita Elisa Seda, consta que o nome verdadeiro da avó é Maria Joaquina Felisarda, e não Roza. A constatação é feita principalmente pelo testamento da mãe de Nhá Chica, Izabel Maria da Silva, localizado pelo advogado, pesquisador e historiador Antonio Claret Maciel Santos. Apesar da alteração no nome da avó, as evidências de que ela era escrava ainda são mantidas.

FRANCISCA – Aos vinte e seis dias de abril de mil oitocentos e dez na capela de Santo Antônio do Rio das Mortes Pequeno, filial desta matriz de São João Del Rei, de licença do Reverendo Joaquim Jose Alves batizou e pôs os Santos Óleos a Francisca, filha natural de Isabel Maria, e foram padrinhos Ângelo Alves e Francisca Maria Rodrigues, todos daquela Aplicação. O Coadjutor Manoel Ant. De Castro.

No batistério de Francisca -como em quase todos os relativos aos escravos-, não consta o nome do pai, que terá sido outro escravo ou algum proprietário daquelas terras.

O pesquisador e historiador, Gilberto Furriel, de Aiuruoca, recentemente levantou a tese de que "é plausível sugerir que o Tenente Cypriano Pereira do Amaral possa ser o pai, ou um parente muito próximo de Theotonio Pereira do Amaral". Dessa forma, concluiu, os irmãos Theotonio, Francisca "Nhá Chica" e Maria Joaquina seriam filhos da mesma mãe e pai. Talvez, nunca saberemos, mas os historiadores, pesquisadores e a própria história nos dirão.

O estudo de Furriel analisa documentos como batistérios e testamentos, que nos levam a suspeitar de que a família de Nhá Chica teria se mudado para Baependi por Cypriano ter ficado viúvo.

Por todo o tempo que viveu, Nhá Chica deu várias demonstrações de como viver na fé e na caridade. Antes mesmo de morrer, era considerada uma "santa", a "santinha de Baependi" e "mãe dos pobres".

Coube a um médico deixar registrado para a história uma única entrevista, que é a base de muitas pesquisas. Henrique Monat, em viagem a Caxambu para estudar as águas minerais, foi até Baependi para se encontrar com Nhá Chica. Foi a ele que ela disse: "[...] as coisas acontecem porque rezo com fé".

A SANTA FILHA DA ESCRAVATURA

Eustaquio Melo
Historiador, pesquisador e genealogista (Barroso – MG)

Uma das páginas mais marcantes da nossa história como país e nação é a escravidão, que nunca deve ser esquecida e sempre ser lembrada e contada, a história de um povo que ajudou em larga escala na construção deste país e que muito sofreu. A vida de um escravo consistia em apenas trabalhar e trabalhar, muitas vezes, em condições extremamente precárias. O tráfico negreiro no Brasil começa por volta do ano de 1550, terminando somente em 1850, quando foi decretada a Lei Eusébio de Queirós. Durante esse período, milhares de africanos foram tirados de sua terra natal e trazidos para o Brasil para o trabalho escravo em plantações de cana-de-açúcar, mineração, plantações de café etc.

Em Minas Gerais, com o declínio da extração de ouro, os antigos mineradores mudaram seu sistema econômico e de produção, começando assim a formar suas fazendas. Foi em uma dessas fazendas que nasceu, em 1808, Francisca de Paula de Jesus, a Nhá Chica, nascida quando ainda havia o tráfico negreiro no Brasil e até mesmo antes de o país conquistar sua independência, o que aconteceria somente em 1822. Natural do pequeno povoado de Santo Antônio do Rio das Mortes Pequeno, pertencente à cidade de São João del-Rei, nasceu na fazenda Porteira dos Villelas, sendo batizada em 26 de abril de 1810. Junto de sua mãe Isabel Maria, Francisca conheceu as agruras de nascer escrava, não sabendo quem era o próprio pai. Era muito comum na época as escravas serem forçadas a ter relações com seus senhores, o que provavelmente acontecera com sua mãe.

 Ela teria todos os motivos para ser uma mulher revoltada com a condição em que nascera e, mesmo assim, nunca se revoltou, dando um grande exemplo de amor: devota de Nossa Senhora da Conceição, encheu seu coração com amor, amor ao próximo e sempre fazendo o que Jesus Cristo ensinou: "Amar a Deus sobre todas as coisas e a teu próximo como a ti mesmo".

 Enchendo seu coração com esse amor pregado e ensinado por Cristo, com sua devoção a Nossa Senhora da Conceição, seguiu sua vida como uma serva de Deus, tratando a todos com carinho, amor, sem fazer acepção de pessoas. Uma mulher que teve motivos para se revoltar fez o contrário, assim como Jesus Cristo. Nasceu e viveu uma vida pobre e humilde e, com muita fé e grande esforço, começou a construção de uma Igreja, em 1867, em honra à santa de sua devoção, ajudando várias pessoas em suas orações e intercedendo a Deus por suas vidas.

 Em 13 de maio de 1888, ela vê o que tantos esperavam... Ela já não era mais escrava, uma cativa, mas ainda via muitos negros sofrendo com a escravidão e, então, viu e presenciou o ato por meio do qual, no país em que nascera, já não mais existiriam senzalas e escravos! Imagino a alegria daquela santa mulher ao receber essa notícia e quantas orações já havia feito para que isso acontecesse! Naquele momento, ela oraria agradecendo pelo fim do martírio não só dela, mas de todos os escravos e ex-escravos. Naquele dia 13 de maio de 1888, era sancionada a Lei Áurea, que dava liberdade a todos os cativos no Império do Brasil.

 De sua vida santa, podemos tirar vários exemplos e ensinamentos: humildade, bondade e caridade a seguiram até o fim

de seus dias aqui na Terra. Filha de escrava e sendo uma ex-
-escrava, ensinou e amou aqueles que perseguiram os negros, buscando sempre o bem e ajudando o próximo, num exemplo magnífico e grandioso de uma serva de Deus.

Francisca de Paula de Jesus falece no ano de 1895, mas não para de dar seu auxílio ao seu povo, estendendo-o a quantos precisem de sua ajuda. A vida de Nhá Chica foi tão marcante que vários jornais noticiaram sua história, e também existem jornais do início do século XX que trazem notícias de várias graças alcançadas. Sua fé e sua vida marcaram a vida de muitas pessoas, enquanto ela viveu seus dias terrenos e agora, que está junto de Deus e Nossa Senhora da Conceição.

Que possamos sentir orgulho daquela que teve uma vida difícil, mas a viveu com humildade, fé, caridade e muita, muita bondade, sempre ajudando a quem necessitasse. Que possamos tomar como exemplos a vida e a fé de Nhá Chica e nos voltarmos a Deus e ao próximo como Jesus Cristo e ela fizeram. Para muitos, Francisca (Nhá Chica) já é santa e está sempre nos auxiliando e intercedendo por nós ao Pai. Viva, viva a vida, bondade, fé, amor, caridade de Nhá Chica! E que ela continue a olhar por nós!

PARTE II

NAS ALTURAS DE DEUS: NHÁ CHICA, FRANCISCO E EU

"Somos chamados por Deus, com nome e sobrenome, cada um de nós, chamados a anunciar o Evangelho e a promover com alegria a cultura do encontro."

Papa Francisco, Jornada Mundial da Juventude, Rio de Janeiro, Brasil, 2013.

12. NO VOO PAPAL: UM ENCONTRO NO CÉU

Marcio Campos: Sua bênção! Eu me chamo Marcio Campos, trabalho na Rede Bandeirantes de Rádio e Televisão. Estou muito feliz por estar com o senhor.

Papa Francisco: TV Bandeirantes?

Marcio Campos: TV Bandeirantes, São Paulo. Posso dar um *regalo*? Posso?

Olho de lado para ver a reação do Padre Federico Lombardi, diretor da Sala de Imprensa da Santa Sé. Antes mesmo da autorização, o Papa Francisco aperta minha mão com as duas mãos e, em um gesto de consentimento, abre um sorriso e balança a cabeça. Sem perder nem mais um segundo, eu começo a tirar do bolso do paletó uma bandeira do Brasil...

Até o embarque no aeroporto de Cumbica em Guarulhos, eu não tinha decidido o que levaria de presente para o Papa Francisco. Aliás, nem passava pela minha cabeça que chegaria tão próximo do Pontífice.

Minutos antes de nos aproximarmos do portão para entrarmos no avião, eu e o repórter cinematográfico André Zorato percorremos algumas lojas. Foi nesse momento, olhando alguns objetos nas vitrines, que escolhi um par de chinelos, calçado muito comum entre os brasileiros, para presentear o Papa. Fiquei com os chinelos na mão: eram brancos e com uma pequena bandeira do Brasil estampada em uma das alças. Até que, ao olhar para aquela bandeira bem pequenininha, me veio a inspiração de trocar o presente. Nem me passou pela cabeça que poderia ser um gesto publicitário entregar ao Papa um par de chinelos fabricados por determinada marca, mas os troquei por uma bandeira brasileira, o símbolo máximo de uma nação!

13. PENSANDO LÁ NA FRENTE

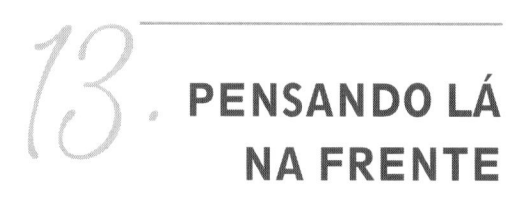

Como gosto de dizer aqui em casa: "A gente precisa pensar lá na frente".

Esse encontro com o Papa começou a ser idealizado no dia 9 de maio de 2007, numa quarta-feira, quando o avião que trazia o Papa Bento XVI e a comitiva aterrissou no Aeroporto Internacional de Cumbica, em Guarulhos. Noticiamos, ao vivo, a chegada do então Sumo Pontífice, que desembarcava no Brasil para participar da V Conferência Geral do Episcopado da América Latina e do Caribe, no Santuário de Aparecida, em Aparecida, SP. Mas não só isso: ele ainda se reuniu com 70 mil jovens no gramado do Estádio Municipal do Pacaembu, e outros cerca de cem mil acompanharam do lado de fora por um telão. Bento ainda se encontrou com um milhão de fiéis no Aeroporto Campo de Marte para canonizar Frei Galvão. Acompanhei seus passos, desde a chegada até a partida.

Logo no primeiro dia, quando desembarcou no avião na Base Aérea de Cumbica, vi de longe alguns jornalistas descendo também da aeronave. Nesse dia, aprendi que, em todas as viagens papais, a Sala de Imprensa do Vaticano libera alguns lugares para a imprensa acompanhar a agenda do Papa: geralmente são distribuídos a vaticanistas — jornalistas que fazem a cobertura diária das notícias do Vaticano —, correspondentes internacionais, agências de notícias e jornalistas do país que será visitado pelo Sumo Pontífice.

À noite, em casa, após um dia intenso de cobertura, afirmei à minha esposa: "Somos incompetentes, ou precisa de *lobby*, ou é muito caro para colocar uma equipe de TV dentro do avião do Papa — independentemente do que seja, tenha certeza, no próximo voo papal para o Brasil, eu estarei dentro do avião". Minha esposa fez uma cara assim de reprovação, mas logo mudou de feição e comentou:

— Quando você coloca alguma coisa na cabeça, eu sei que vai conseguir.

Assim, nascia o projeto para poder um dia integrar a comitiva papal. Passei a pesquisar, a ler e a entender como os jornalistas eram "escolhidos" para ocupar esses seletos lugares. Em uma das pesquisas, descobri a jornalista Aura Miguel, da Rádio Renascença de Lisboa, Portugal. Aura me respondeu já logo depois do primeiro contato por *e-mail*, externou a alegria de ser procurada e, após algumas mensagens em que me apresentei e indiquei referências aqui no Brasil, passou a me orientar sobre como era feito o processo, como eu deveria ficar atento a cada etapa, e, em determinado momento, ressaltou:

— A partir daí é com você. Não posso fazer nada mais do que explicar o que é publicado no *site* da Sala de Imprensa do Vaticano.

14. PASSAGEM PARA ROMA

Para concretizar minha meta, era necessário que o Papa marcasse uma viagem para o Brasil. Só isso! E como Bento XVI tinha acabado de passar por aqui, muito dificilmente ele retornaria tão breve. Eis que, em 2012, o Vaticano anunciou a presença do Papa na Jornada Mundial da Juventude, marcada para acontecer no Rio de Janeiro no ano seguinte. Estava aí a confirmação que tanto eu esperava para dar início à minha corrida.

Contudo, a notícia que surpreendeu o mundo e poderia mudar os rumos dos acontecimentos surgiu no dia 11 de fevereiro de 2013, quando o Vaticano confirmou que o Papa Bento XVI deixaria o cargo. A decisão se concretizou dezessete dias depois com sua saída: em latim, ele pediu às pessoas que estavam na Praça São Pedro que rezassem pelo próximo papa.

No início da noite, aqui no Brasil, do dia 13 de março de 2013, enquanto eu acompanhava o julgamento de um crime em Guarulhos, que ficou conhecido como "Caso Mércia", assisti pelo monitor bem pequeno ao anúncio do novo papa: o Cardeal argentino Jorge Mario Bergoglio passava naquele momento a se chamar Papa Francisco, nome inspirado em São Francisco de Assis e que escolheu assim que fora eleito, após ouvir do Cardeal brasileiro Dom Claudio Hummes este pedido:

— Não se esqueça dos pobres.

Enfim, tínhamos um novo Papa. Mas... e a viagem para o Brasil? Marcada para quatro meses depois, ela aconteceria? Era muito difícil que o Papa não participasse da Jornada Mundial da Juventude, trabalho iniciado pelo Papa João Paulo II. Entretanto, diante das circunstâncias e das "crises" internas enfrentadas no Vaticano, ficava a expectativa sobre essa que acabaria sendo a primeira viagem pastoral internacional de Francisco, "o Papa que veio lá do fim do mundo", como ele mesmo diz.

Em maio, em mais uma das minhas buscas no *site* do Vaticano sobre o anúncio da abertura do processo de admissão para o voo, veio a confirmação de que a partir daquele momento os jornalistas interessados deveriam começar a encaminhar suas inscrições. Como o fuso horário de Roma é quase sempre cinco horas à frente do nosso em São Paulo, eu acordava todos os dias às cinco da manhã para verificar o *site*, o horário em que geralmente os comunicados eram disparados pela Sala de Imprensa do Vaticano. Um belo dia, lá estavam as orientações!

Com a inscrição feita, agora era esperar, e que angustiante foi aguardar essa resposta! O jornalista Marcello Zanluchi, então assessor de comunicação do Comitê Organizador da JMJ, não aguentava mais receber minhas mensagens e ligações sobre qual era a previsão para a divulgação da lista...

No dia 5 de junho, finalmente, sai o *e-mail* confirmando que eu e um cinegrafista havíamos sido admitidos no voo! Eu, porém, precisava entender melhor a carta redigida em três folhas. Foi aí que perguntei a Carolina Cotrim, uma colega do Departamento de Recursos Humanos da Band, responsável pelo processo de seleção, se tínhamos algum colega fluente em italiano. Em resposta, ela não só disse que tinha um fluente, como também que era um italiano recém-chegado ao Brasil para trabalhar conosco no Grupo Bandeirantes de Comunicação: o sempre disposto Massimo Tiso!

Pelo ramal telefônico, ele me atendeu e pediu que fosse até a sala dele. Imagine minha correria, pois a sala de Massimo ficava em um imóvel fora do prédio principal do Grupo. Cheguei lá suando e cansado, sem ao menos me apresentar, como deveria. Mas ele logo disse com um sotaque típico — italiano misturado com português:

— Senta, Marcio, vejo muito suas reportagens, estou muito feliz de te conhecer.

Obviamente que agradeci a gentileza, mas tinha urgência pela resposta. Pedi a ele que me traduzisse a carta. E, mesmo antes de terminar a leitura, afirmou com entusiasmo e entonação mais forte:

— Meu Deus, que alegria, você está no voo do Papa!!!

Com a devida tradução e agora com o conhecimento de todas as orientações, dirigi-me ao nosso diretor-geral de jornalismo, Fernando Mitre, para anunciar a conquista. Nesse momento, eu já me realizei só de ver a reação de alegria e satisfação estampada no rosto de Mitre! Ele ficou tão radiante quanto o diretor de programação e artístico da época, o argentino Diego Guebel.

15. O PRESENTE DO PAPA

Um capítulo dessa história de que pouco se fala foi o almoço realizado na sede da Arquidiocese do Rio de Janeiro com o Arcebispo Dom Orani Tempesta e o Diretor de Comunicação da JMJ Rio 2013, Padre Marcio Queiroz. Estávamos em três jornalistas: eu, com o cinegrafista André Zorato, Adriana Dias, da revista *Veja*, e Fabiano Maisonnave, do jornal *Folha de S.Paulo*. Foi um encontro de recepção para conhecer os profissionais brasileiros que iriam até o Vaticano para embarcar no voo papal. Lá em Roma, mais tarde, estariam também conosco: Jamil Chade, correspondente do jornal *O Estado de S.Paulo*; Patricia Zorzan, correspondente da Rede TV; Anna Ferreira, correspondente da Rede Vida; Silvia Celommi, correspondente do jornal *O Globo*; e Ilze Scamparini, correspondente da TV Globo, e o cinegrafista dela, Maurizio Della Constanza.

Era dia 17 de julho de 2013, uma quarta-feira. Partimos num voo com destino a Madri, na Espanha, onde fizemos uma conexão rápida antes de chegarmos ao aeroporto de Fiumicino, em Roma, no dia seguinte, por volta das cinco e meia da tarde.

Já no dia 19, pela manhã, conforme orientação da Comissão Organizadora da JMJ Rio 2013, fomos até a Sala de Imprensa, na Via dela Conciliazione, 54, na Cidade do Vaticano, para confirmarmos o credenciamento e recebermos as credenciais.

Nesse mesmo dia, às 15 horas, eu e o André Zorato, além de outros oito profissionais da imprensa brasileira, participamos de um "*briefing* logístico" (uma reunião preparatória) com o diretor da Sala de Imprensa do Vaticano, Padre Federico Lombardi. Além de informações técnicas, ele nos adiantou que, durante o voo para o Rio de Janeiro, o Papa Francisco receberia um a um todos os jornalistas. Não seria um momento para uma "entrevista exclusiva", mas um "encontro" para que o Papa pudesse saber o nome de cada profissional e que veículo de imprensa representava.

Foi nesse momento que tive a certeza de que conseguiria entregar a bandeira do Brasil ao Sumo Pontífice!

Era um evento cercado de expectativas porque se tratava da primeira viagem papal internacional de Francisco. Ninguém, nem os vaticanistas faziam ideia de como seria o "comportamento" de Francisco diante da imprensa.

16. FRANCISCO DE ASSIS

Como gosto de "pensar lá na frente", e como tudo já estava acertado para a viagem, fiz uma "proposta indecente" para o parceiro Zorato (que sempre topava todas): ocupar o único dia de folga que teríamos em Roma antes do voo papal para gravarmos uma reportagem especial em Assis.

E por que Assis? Porque eu acreditava que, em outubro daquele ano, o primeiro papa da história chamado Francisco visitaria o mosteiro onde estão as relíquias do santo que inspirou o Cardeal Bergoglio na hora de escolher o "rumo" do seu papado.

No dia 20 de julho de 2013, um sábado, partimos cedo de Roma.

É de trem que a nossa equipe percorre os quase duzentos quilômetros que separam a capital romana da pequena Assis, ao norte da Itália. Depois de quase duas horas, desembarcamos na estação da cidade. Assis tem pouco mais de 7 mil habitantes e foi construída na Idade Média, no alto de uma colina, para se proteger das invasões dos inimigos. A placa da Unesco anuncia que a região é patrimônio da humanidade! Possui locais sagrados e histórias que envolvem nomes importantes do catolicismo.

Cabe ao taxista que nos conduz anunciar alguns desses nomes:

— Santa Chiara, São Rufino, São Damião, Porciúncula, convento onde foi encontrado morto Francisco.

Nosso destino é a basílica de São Francisco de Assis. A subida é feita às margens de plantações de oliveiras. Casas e lojas cercam esse caminho até o momento em que avistamos o pátio do sacro convento. Frei Evilásio Andrade é um dos setenta frades que vivem ali; o brasileiro deixou a comunidade onde morava em Brasília, no começo de 2013, para viver quatro anos em Assis, usando apenas sandálias e o tradicional hábito dos franciscanos.

— Que alegria encontrar um brasileiro aqui. Sua bênção!

Frei Evilásio é o nosso guia em um dos destinos católicos mais visitados do mundo! Em poucos passos, atravessamos a nave central da Igreja, descemos alguns degraus e chegamos ao coração da ordem franciscana. Acompanhados do frei, nós conhecemos o túmulo de Francisco de Assis. Descemos uma escadaria apertada, por onde cerca de sete milhões de católicos passam todos os anos para ficar frente a frente com o túmulo do santo considerado "o pai dos pobres".

Como ninguém é de ferro, e ali o almoço também é sagrado e tem hora marcada, somos convidados a participar do banquete. O equipamento da TV é vetado, mas fomos autorizados a gravar esse momento único com o celular. No refeitório, um dos maiores da Europa, já foram servidos dois papas:

João Paulo II e Bento XVI. Francisco também almoçaria ali, mas dispensou o convite, para comer com os pobres da cidade.

"O papa realmente é um papa franciscano, um papa que ama os pobres, ele não quer descansar", acrescenta Frei Evilásio.

Depois do almoço, seguimos pela basílica superior, que tem em suas paredes laterais a história do santo contada em afrescos do pintor e arquiteto italiano Giotto di Bondone. Francisco nasceu em 1182, em uma família rica. Depois de uma juventude indisciplinada, decidiu abrir mão da boa vida e se converter. Diante da cruz de São Damião, que está exposta até hoje na Basílica de Santa Clara, recebeu a missão divina de reformar a Igreja Católica, no sentido da evangelização. São Francisco defendia a solidariedade aos pobres e o respeito à natureza. Foi encontrado morto aos 47 anos, ao lado da igrejinha de Porciúncula, que ele mesmo construiu, e que hoje é protegida pela Basílica de Santa Maria dos Anjos. Essa proteção se dá porque a igrejinha ficou "dentro" da Basílica.

— A experiência aqui é um pouco de tranquilidade, serenidade, um pouco de paz, principalmente quando se vê a gente que vem aqui para encontrar o Senhor através da "influência" de Francisco. É belíssimo — comenta o frei.

As imagens imortalizadas por Giotto mostram um papa atento ao que diz São Francisco de Assis. Para o frade brasileiro, isso seria um sinal dos tempos que estamos vivendo. E, para muitos devotos do santo, as ações e palavras do Papa Francisco em seis meses à frente da Igreja também demonstram essa intenção, a de ouvir o defensor dos animais e protetor dos pobres.

Como previsto, o Papa Francisco visita pela primeira vez a cidade de Assis no dia 4 de outubro, dia do santo protetor dos animais e dos pobres. A reportagem que havíamos gravado mais de dois meses antes era exibida no *Jornal da Band*, com edição primorosa do colega Denis Romani.

O sol já atravessava a colina de Assis quando nos preparávamos para o retorno à estação ferroviária. E, para nossa surpresa, o taxista que nos apoiara durante o dia aparece na lanchonete onde tomávamos um café. Todo sorridente, perguntou se não tínhamos perdido nada, entregando-nos o microfone! Por pouco, eu não o perco, porque, ao entrar no carro, o colocara do meu lado na poltrona de trás e, ao sair, acabei deixando-o.

O que nos restou no fim daquele dia foi agradecer pelo resultado do trabalho, tomar um banho e dormir.

No domingo, véspera da viagem, seguimos bem cedo para a Praça São Pedro e acompanhamos o "Ângelus" do Papa Francisco, no qual ele anunciou o embarque para a Jornada Mundial da Juventude:

"Lá, ao longe, vejo escrito: 'Boa viagem!'. Obrigado, obrigado! Peço-vos que me acompanheis espiritualmente com a oração na minha primeira Viagem Apostólica, que realizarei a partir de amanhã. Como bem sabeis, vou ao Rio de Janeiro, no Brasil, por ocasião da vigésima oitava Jornada Mundial da Juventude. Lá estarão reunidos muitos jovens, de todas as partes do mundo. E penso que esta pode ser chamada a Semana da Juventude: precisamente a Semana da Juventude! Nesta Semana, os protagonistas serão os jovens. Todos aqueles que vão ao Rio querem ouvir a voz de Jesus, querem ouvir Jesus: 'Senhor, o que devo fazer da minha vida? Qual é o caminho para mim?'. Também vós — não sei se há jovens hoje, aqui na praça. Há jovens? Sim! Também vós, jovens que estais na praça, dirigi a mesma pergunta ao Senhor: 'Senhor Jesus, o que devo fazer da minha vida? Qual é o caminho para mim?'. Confiemos à intercessão da Bem-Aventurada Virgem Maria, tão amada e venerada no Brasil, estas interrogações: aquela que farão os jovens lá e esta que vós fareis, hoje. E que Nossa Senhora nos ajude nesta nova etapa da peregrinação. A todos vós desejo feliz domingo e bom almoço! Até à vista!".

No quarto do hotel, já com a bagagem pronta, porque a saída sentido aeroporto estava prevista para as cinco da manhã, tirei os objetos que ali estavam, liberei uma área na mesinha de frente para a cama e organizei tudo o que entregaria a Francisco pedindo-lhe que abençoasse para mim. Além da bandeira, presente para o Sumo Sacerdote, terços, medalhas e "santinhos" de Nossa Senhora Desatadora dos Nós (de quem o Cardeal Bergoglio sempre foi devoto) e, é claro, um símbolo em especial: uma oração de Nhá Chica impressa em um cartão com uma relíquia dela – um pedacinho de um tecido usado pela beata.

Esse "santinho" foi-me entregue pela Irmã Claudine Ribeiro, à época diretora da Associação Beneficente Nhá Chica, em Baependi, com quem falava sobre a doença da minha esposa. "Já que você vai estar com o Papa, se tiver oportunidade, entrega para ele e pede para canonizar nossa Nhá Chica", disse-me a Irmã com serenidade e a certeza de que eu cumpriria o que acabara de me pedir.

VOO PAPAL, 22 DE JULHO DE 2013

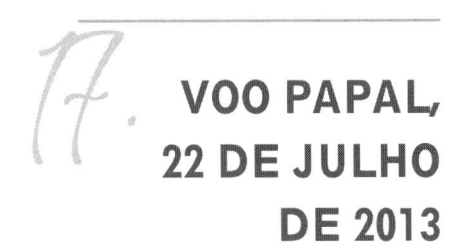

Cinco da manhã, o despertador canta e o telefone toca. Era minha esposa, ainda acordada em São Paulo, onde, por causa do fuso horário, ainda era meia-noite. Na noite anterior, havíamos acertado de que ela me ligaria, para que eu não perdesse a hora.

Depois de um café da manhã improvisado, porque, afinal de contas, a cozinha ainda não estava totalmente aberta, entramos no carro em direção ao aeroporto de Fiumicino. Fomos uma das primeiras equipes a chegar.

No aeroporto, um balcão exclusivo é aberto para atender apenas os integrantes da comitiva papal. O acesso à sala de embarque é permitido apenas após uma rígida e demorada checagem de vistoria, até mesmo com todas as bagagens sendo abertas e vasculhadas bem ali na nossa frente.

Encontramos poltronas vazias bem próximas ao portão de embarque, pois não passava pela minha cabeça jamais perder a hora ou deixar de embarcar nesse avião. Afinal, foram sete anos de preparo, e uma das pessoas que me auxiliou nesse processo caminhava lentamente no corredor nesse momento em direção ao lugar onde eu estava. Quando a vi, foi uma explosão de alegria! Corri para abraçá-la e expressar minha gratidão.

Enquanto eu e alguns poucos participávamos de um voo papal pela primeira vez, Aurea Miguel caminhava para a sua 74ª viagem. Foram 51 voos com o Papa João Paulo II, todas as viagens apostólicas do Papa Bento XVI e agora a inaugural do Papa Francisco. Nem por isso Aura esbanjava sua posição de vaticanista, a primeira jornalista a ter uma credencial permanente do Vaticano sem estar no Vaticano!

— Pra mim é sempre uma emoção, sabes! Porque viajar com o Papa é como o apóstolo Pedro a viajar numa barca, e a barca do sucessor de Pedro neste momento é um avião. Portanto, ter o privilégio de ir lá dentro é sempre uma emoção.

E, é claro, humildemente, de frente para uma vaticanista experiente, aproveitei para pedir mais um favor:

— Que conselho você me dá? O que eu tenho de falar para o Papa?

— É sempre estar vigilante. Uma vez, eu perguntei para o João Paulo II como é que eu faço para ser uma boa jornalista. E ele ficou em silêncio, à espera da resposta, e disse: "É preciso discernir sempre". Por isso, é importante manter-se vigilante para poder discernir.

— E ao encontrar com o Papa, como é que vai ser?

— Não sei disso! Ninguém sabe, é tudo novo. Nem nós sabemos, é tudo novo.

Nossa conversa é interrompida pelo serviço de som do aeroporto:

— Passageiros do voo AZ 4000, o embarque será iniciado. Queiram, por favor, dirigir-se ao portão.

Com as pernas bambas, o coração disparado e um sentimento de realização, caminhei para realizar o meu projeto do voo papal! Ao passar pelo portão, seguimos de ônibus até onde o avião, um Airbus Industrie A330 da Alitalia, estava estacionado, em uma área restrita do aeroporto.

Enquanto o ônibus fazia o trajeto, eu via de longe um grupo de jornalistas posicionado em um cercado destinado aos que estavam à espera de Francisco. E nós, naquele momento, éramos parte da notícia! Integrantes da comitiva oficial daquele que, além de líder religioso, é também um Chefe de Estado, o país estado do Vaticano.

No avião, os jornalistas "vaticanistas" tinham suas poltronas marcadas, mas os demais escolhiam os lugares vagos. Antes da decolagem, Padre Lombardi aparece na ala reservada aos jornalistas, toma o microfone e anuncia que, assim que a aeronave tomasse altitude, o Papa se apresentaria para encontrar a imprensa que estava ali.

Um marco: era a primeira vez que Francisco ficava frente a frente com os profissionais de comunicação, ali representados por 70 repórteres, cinegrafistas e fotógrafos de várias partes do mundo! E ver o Santo Padre surgindo pelo corredor e passando por aquela cortina que separa os setores do avião foi realmente um momento de realização profissional!

Padre Lombardi apresentou Francisco à imprensa com estas palavras:

— Santo Padre Francisco, bem-vindo ao meio desta comunidade voadora de jornalistas, operadores das comunicações.

Sentimos grande emoção pela possibilidade de acompanhá-lo em sua primeira viagem intercontinental, internacional, depois da comovedora deslocação a Lampedusa! Além do mais, é a primeira viagem ao seu Continente, ao "fim do mundo". É uma viagem na companhia dos jovens; por isso, suscita um grande interesse. Como pode ver, ocupamos todos os lugares disponíveis para os jornalistas neste voo. Somos mais de 70 pessoas, obedecendo a composição do grupo a critérios de grande variedade, ou seja, temos representantes das televisões — tanto repórteres como operadores de câmara —, os representantes da imprensa escrita, das agências de notícias, da rádio, operadores de internet... Praticamente estão representados, e, de forma qualificada, todos os *mass-media*. E estão representadas também as culturas, as diferentes línguas. Temos, neste voo, um bom grupo de italianos, em seguida aparecem naturalmente os brasileiros que vieram inclusive do Brasil para voar junto com o Santo Padre: há dez brasileiros *(e por que não dizer, 11, afinal, uma pequenina relíquia de Nhá Chica estava ali no meu bolso para mais tarde ser entregue ao Papa)* que vieram de propósito para isso. Depois, temos dez dos Estados Unidos da América, nove da França, seis da Espanha; depois há ingleses, mexicanos, alemães; também o Japão, a Argentina — naturalmente —, a Polônia, Portugal e a Rússia estão representados. Trata-se, portanto, de uma comunidade muito diversificada. Muitos dos que aqui estão acompanham, frequentemente, as viagens do Papa fora da Itália, ou seja, já não estão em sua primeira experiência, antes, alguns são muito navegados, conhecem essas viagens muito melhor do que o Santo Padre. Diversamente, outros estão aqui pela primeira vez, porque – como os brasileiros, por exemplo — acompanham especificamente esta viagem. Assim, decidimos dar-lhe as boas--vindas a este grupo pela voz também de um de nós, ou melhor, uma de nós, que foi escolhida — acho que sem problemas particulares de concorrência — porque é, certamente, a pessoa que fez mais viagens ao estrangeiro com o Santo Padre: está em disputa com o Doutor Gasbarri inclusive pelo número das viagens realizadas. Além disso, é uma pessoa que vem do seu Continente e, por conseguinte, pode falar-lhe em espanhol, na sua língua; e é — para além do mais — uma pessoa mulher, sendo justo que lhe demos a palavra. Então dou imediatamente a palavra a Valentina Alazraki, que é a correspondente da *Televisa*, há muitos anos — mas permanece sempre juvenil, como o Santo Padre vê —, sentindo-nos contentes por a termos conosco mais não fosse porque algumas semanas atrás partiu um pé e por isso temíamos que não pudesse vir. Mas não, ajustou-o a tempo, tirou o gesso há dois ou três dias e agora já está no avião. Portanto, será ela que interpreta os sentimentos desta comunidade voadora para com o Santo Padre.

A colega Valentina, nesse momento, já estava à frente, perto de Francisco, pronta para iniciar as boas-vindas em nome dos jornalistas.

—- Papa Francisco, bom dia! O único mérito que possuo para ter o privilégio de dar-lhe as boas-vindas é o elevado número de horas de voo. Participei no primeiro voo de João Paulo II ao México, o meu país. Então era a *mascote*; agora, 34 anos e meio depois, sou a *decana*! Por isso, tenho o privilégio de dar-lhe as boas-vindas. Sabemos, pelos seus amigos e colaboradores na Argentina, que os jornalistas não são propriamente "santos da sua devoção". Talvez tenha pensado que o Padre Lombardi o trouxe à cova dos leões... A verdade, porém, é que não somos assim tão ferozes e temos um grande prazer em poder ser seus companheiros de viagem. Gostaríamos que o Santo Padre nos visse assim, como companheiros de viagem, nesta e em muitas outras ainda. Obviamente somos jornalistas, e, se hoje, amanhã ou nos dias seguintes, quiser responder a perguntas, não vamos dizer que não, porque somos jornalistas. Vimos que confiou esta sua viagem a Maria, tendo ido a Santa Maria Maior e irá a Aparecida; pensei oferecer-lhe um pequeno presente, uma pequeníssima Virgem peregrina para que O acompanhe nesta peregrinação e muitas mais. Por coincidência, trata-se da Virgem de Guadalupe; ofereço-a não pelo fato de ser a Rainha do México, mas porque é a Padroeira da América, pelo que nenhuma Virgem Maria se ressentirá: nem a da Argentina, nem a de Aparecida, nem qualquer outra. Eu lha ofereço com imenso carinho da parte de todos nós e com a esperança de que proteja o Santo Padre nesta viagem e em muitas outras ainda.

Dá para imaginar a minha ansiedade nesse momento? Sentado em uma das poltronas na lateral direita do avião, eu acompanho com olhar fixo o Padre Lombardi, que anuncia:

— E agora demos a palavra ao Santo Padre, naturalmente para que nos diga pelo menos algumas palavras introdutórias a esta viagem.

Essa é a primeira vez que Francisco fala tão próximo dos jornalistas, dentro do avião, em um encontro inédito:

— Bom dia! Bom dia a vocês todos! Disseram – eu ouvi – coisas um bocado estranhas: "Que vocês não são santos da minha devoção", "que aqui eu estou no meio dos leões...", ainda bem que não são muito ferozes! Obrigado! Verdadeiramente eu não dou entrevistas, mas é porque não sei, não consigo. Sou assim! Sinto um pouco de dificuldade em fazê-lo, mas agradeço a companhia. Esta primeira viagem tem em vista encontrar os jovens, mas não isolados da sua vida; eu quereria encontrá-los precisamente no tecido social, em sociedade. Porque, quando isolamos os jovens, praticamos uma injustiça: despojamo-los da sua pertença. Os jovens têm uma pertença: pertença a uma família, a uma pátria, a uma cultura, a uma fé... Eles têm uma pertença, e não devemos isolá-los! Sobretudo não devemos isolá-los inteiramente da sociedade! Eles são verdadeiramente o futuro de um povo! Isto é verdade; mas não o são somente eles: eles são o futuro, porque têm a força, são jovens, continuarão para diante. Mas também, no outro extremo da vida, os idosos são o futuro de um povo. Um povo tem futuro se vai em frente com ambos os pontos: com os jovens, com a força, porque o levam para diante; e com os idosos, porque são eles que oferecem a sabedoria da vida. E muitas vezes penso que fazemos uma injustiça aos idosos, pondo-os de lado como se eles não tivessem nada para nos dar; eles têm a sabedoria, a sabedoria da vida, a sabedoria da história, a sabedoria da pátria, a sabedoria da família. E nós precisamos disto! Por isso, digo que vou encontrar os jovens, mas no seu tecido social, principalmente com os idosos. É verdade que a crise mundial não gera coisas boas para os jovens. Li, na semana passada, a percentagem dos jovens desempregados; pensem que corremos o risco de ter uma geração que não encontrou trabalho, e é o trabalho que confere à pessoa a dignidade de ganhar o seu pão. Os jovens, neste momento, sofrem a crise. Aos poucos fomo-nos acostumando a esta cultura do descarte: com os idosos, sucede demasiadas vezes; mas agora acontece também com inúmeros jovens sem trabalho. Também a eles chega a cultura do descarte. Temos de acabar com esse hábito de descartar. Ao contrário, cultura da inclusão, cultura do encontro, fazer um esforço para integrar a todos na sociedade. Isto é de certo modo o sentido que eu quero dar a esta visita aos jovens, aos jovens na sociedade. Agradeço-vos imenso, caríssimos, "santos de não devoção" e "leões não muito ferozes". Muito obrigado, muito obrigado mesmo! E eu gostaria de lhes saudar a cada um. Obrigado!

A partir desse instante, o diretor da Sala de Imprensa do Vaticano pede aos jornalistas que se aproximem. Vai começar o tão esperado encontro do Papa com os profissionais da imprensa.

— Muito obrigado, Santo Padre, por essa introdução tão expressiva. E agora vêm todos saudá-lo: passam por aqui, desse modo podem vir e cada um pode conhecê-lo, Santidade, apresentar-se; cada um diga de que mídia é, de que televisão ou jornal vem. Assim o Papa o saúda e conhece...

Francisco nitidamente parece mais confortável para receber a imprensa:

— Temos dez horas...

Um a um os jornalistas se dirigiram ao Papa, que permaneceu em pé no corredor no início da classe ocupada pela imprensa.

Alguns profissionais simplesmente cumprimentavam Francisco com um aperto de mão. Outros entregavam presentes. Como um dos estreantes em voo papal, acabei ficando para o final da fila. E olhava cada um dos colegas, como eles se comportavam e agiam diante daquele que para mim, católico, era o representante máximo da Igreja.

E a pergunta não parava de se repetir em minha mente: "O que farei: vou agir friamente como um profissional ou vou me entregar à 'tentação' de me despir do jornalista e agir como um cristão, um discípulo?'". Sinceramente, quando cheguei a alguns passos do Sumo Pontífice, já não conseguia formular frases completas. Fugi completamente do texto que tinha preparado e me deixei ser conduzido pelas circunstâncias. É claro que só não poderia me esquecer de tudo o que havia preparado para entregar ao Papa Francisco. Estava logo atrás da Adriana Dias. Assim que ela se despediu, eu me aproximei, me ajoelhei de frente para o Papa. E disse:

— Santo Padre, sua bênção! Sua bênção!

Ele estendeu a mão direita e eu beijei o anel de pescador. Assim que me levantei e ainda segurando a mão de Francisco, comecei a me apresentar. O Papa mantinha o olhar fixo em mim, sorria e apenas me escutava. Aliás, eu tinha muita coisa para falar.

— Eu me chamo Marcio Campos, trabalho na Rede Bandeirantes de Televisão, Rádio e Televisão. Estou muito feliz por estar com o senhor...

O Papa me interrompe e surpreso me pergunta:

— TV Bandeirantes?

— TV Bandeirantes, São Paulo.

Olho de lado para ver a reação do Padre Federico Lombardi, diretor da Sala de Imprensa da Santa Sé. Antes mesmo da autorização, o Papa Francisco aperta minha mão com as duas mãos e, em um gesto de consentimento, abre um sorriso e balança a cabeça. Sem perder nem mais um segundo, eu começo a tirar do bolso do paletó uma bandeira do Brasil...

Enquanto respondo, ele segura minha mão com as duas mãos, balançando-as, num gesto de aprovação e receptividade, e abre um largo sorriso.

Sem demora, engato um portunhol emocionado:

— Posso dar um regalo? Posso? Não é meu, é do povo brasileiro para o senhor.

Levo minhas mãos ao bolso esquerdo do paletó e começo a tirar o presente. Ele olha com ar de susto e expectativa o gesto que faço. Fixa o olhar. Tiro a bandeira do Brasil, que estava dobrada em várias partes para caber no bolso, e começo a entregar. O sorriso aumenta, parecia ali que o argentino, o Papa Francisco, estava começando a ficar mais à vontade, mais em casa. E foi exatamente o que eu expressei:

— Que o senhor se sinta em casa. O Brasil é do senhor! O mundo é do senhor. Para que o senhor se sinta em casa. Não há presente...

Em meio aos *flashes* das câmeras, ao agito dos fotógrafos, aos cliques..., o Papa me interrompe:

— O povo brasileiro tem um grande *coraçon*!

Eu insisto em falar:

— Não há presente para presentear o senhor. Minha mãe é ministra da eucaristia, comprei pra ela um crucifixo igual ao do senhor.

Vou dizendo tudo isso segurando o braço do Papa com a mão, um gesto instintivo para mostrar que eu ainda não tinha terminado de falar, que tinha muita coisa para expressar. Ele aponta para o crucifixo dele, mostrando que estava entendendo o que eu dizia.

— Ela está muito feliz por eu estar aqui. E eu estou muito feliz por representar a Rede Bandeirantes neste momento que é histórico para a Igreja. Que é histórico para minha emissora, para a empresa para a qual eu trabalho, e que é histórico para minha família também. Eu peço uma bênção do senhor para minha família, para minha esposa, é que está doente...

Nesse momento, ele levanta a mão direita em direção à minha cabeça, enquanto a mão esquerda permanece segurando a bandeira brasileira. Eu fecho os olhos, ele muda o semblante, assumindo um tom solene de oração, e, em alguns segundos, desliza o polegar sobre a minha testa. Ao finalizar, abre um sorriso, e eu o olho novamente para prosseguir...

— ...E para toda a minha família! Sua bênção!

Francisco estende sua mão para se despedir de mim. Eu a puxo de lado, mantendo-a parada. Ele não imagina que ainda preciso de mais tempo. Alerto-o:

— Ahhhh!

É aí que eu procuro no bolso direito do paletó os terços, as medalhas, as orações e o crucifixo que trouxera para ele abençoar. Nesse momento, já preciso das duas mãos para segurar todos os objetos...

— Para o senhor abençoar!

Os fotógrafos estão animados! O tempo todo, o clique dos *flashes* interrompe o silêncio e se sobrepõe à minha fala. O Papa pega o crucifixo, uma réplica do que ele usa, estende-o na mão direita, cobrindo-o com a outra, em um gesto de bênção. E quanta coisa sai daquele bolso, meu Deus! É tanta medalhinha e terço que algumas caem no chão do avião. Só muito tempo depois, assistindo à gravação, vejo que o Dr. Alberto Gasbarri, diretor administrativo da Rádio Vaticano e responsável pela organização das viagens em três pontificados (João Paulo II, Bento XVI e Francisco até fevereiro de 2016), foi quem se abaixou algumas vezes para me ajudar a pegar de volta o que havia caído. Prossigo:

— ...E aqui para o senhor....

Puxando o cartão de papel, uma oração plastificada com uma relíquia de Nhá Chica.

— Esta é para o senhor.

— *Gracias*!

— Beata Nhá Chica...

— Obrigado! Obrigado!

— De nada! Beata Nhá Chica! Nossa Beata!

Ele repete o nome...

— Nhá Chica!

Alarga o sorriso e estende o "santinho" dela em direção ao alto.

Eu complemento:

— Beata Nhá Chica, que vai se tornar santa. Irmã Claudine, de lá (do Santuário), pediu-me que entregasse ao senhor. Aqui... — eu mostro uma oração e uma imagem de Nossa Senhora Desatadora dos Nós. Ele se surpreende com um sonoro:

— Ohhhh!

Em seguida, aponta para a imagem, olha para mim, eu o mantenho também sob meu olhar firme e, numa fração de segundos, sabemos do que estamos falando. Tenho certeza de que ele entendeu a mensagem que eu queria passar. Antes de viajar para esse trabalho, li vários livros e me aprofundei na história do Cardeal Bergoglio. Pouca gente sabe, mas ele é devoto de Nossa Senhora Desatadora dos Nós. Eu sabia que, se lhe mostrasse aquela imagem, ele entenderia que não estava falando com um jornalista desinformado. E foi exatamente o que senti ao receber como retribuição outro largo sorriso por exatos três segundos de silêncio entre nós dois.

— E aqui... A medalha...

Mais uma vez, vários objetos caem ao chão. Agora, eu mesmo me abaixo, sem cerimônia alguma para resgatar o que havia derrubado. O Papa e todos, todos acompanham meu movimento. Ninguém da comitiva dá um passo na tentativa de me repreender ou pedir que eu seja mais rápido. Levanto-me e, com a palma da mão aberta, cheia de medalhinhas de Nossa Senhora Desatadora dos Nós, estendo-as para que sejam abençoadas. São mais quatro segundos em silêncio, enquanto Francisco abençoa os objetos.

Não me lembro da quantidade dos itens que havia no meu bolso. Eu "aprontei" diante do mundo e fiz muita gente gargalhar. Na bancada do *Jornal da Band*, ao lado de Ticiana Villas Boas, o colega e apresentador Ricardo Boechat, após exibir a cena, deu uma sugestão:

— O Papa vai voltar em 2017, e o Marcio Campos já comprou uma mochila.

Ticiana completou:

— O Marcio foi preparado.

E ambos sorriram, com respeito e alegria.

Ao fim, ainda sem pressa nenhuma, aproveito para elogiá-lo pela oração que fez para Nossa Senhora Aparecida e que ele rezaria de frente para a imagem no Santuário de Aparecida dias depois. Enquanto ele guarda o "santinho" de Nhá Chica, gesticulando com a cabeça e com as mãos que aquele era dele, eu declaro:

— Sua oração para Nossa Senhora Aparecida é linda! A oração que o senhor escreveu para Nossa Senhora Aparecida, a oração que o senhor vai fazer é muito linda, e eu tenho certeza de que o senhor vai fazer o que a Mãe fez, tenho certeza!

Aponte a câmera do seu celular para este código e veja a cena completa do encontro entre o jornalista Marcio Campos e o Papa Francisco.

18. EM APARECIDA

Como programado, no dia 24 de julho, Francisco e toda a comitiva seguiram para a Basílica Nacional do Santuário de Nossa Senhora da Conceição Aparecida. Lá, na Capela dos 12 Apóstolos, ele se tornou o primeiro Papa a venerar ali a imagem de Aparecida encontrada no Rio Paraíba em 1717. Diante da imagem, dentro de uma caixa de vidro blindado, Francisco rezou a oração que havia escrito ainda no Vaticano:

> Mãe Aparecida, como Vós um dia, assim me sinto hoje diante do vosso e meu Deus, que nos propõe para a vida uma missão cujos contornos e limites desconhecemos, cujas exigências apenas vislumbramos. Mas, em vossa fé de que "para Deus nada é impossível", Vós, ó Mãe, não hesitastes, e eu não posso hesitar. Assim, ó Mãe, como Vós, eu abraço minha missão. Em vossas mãos coloco minha vida e vamos — Vós-Mãe e Eu-Filho — caminhar juntos, crer juntos, lutar juntos, vencer juntos, como

sempre juntos caminhastes vosso Filho e Vós.

Mãe Aparecida, um dia levastes vosso Filho ao templo para O consagrar ao Pai, para que fosse inteira disponibilidade para a missão. Levai-me hoje ao mesmo Pai, consagrai-me a Ele com tudo o que sou e com tudo o que tenho. Mãe Aparecida, ponho em vossas mãos, e levai até o Pai, a nossa e vossa juventude, a Jornada Mundial da Juventude: quanta força, quanta vida, quanto dinamismo brotando e explodindo e que podem estar a serviço da vida, da humanidade.

Finalmente, ó Mãe, vos pedimos: permanecei aqui, sempre acolhendo vossos filhos e filhas peregrinos, mas também ide conosco, estai sempre ao nosso lado e acompanhai na missão e grande família dos devotos, principalmente quando a cruz mais nos pesar, sustentai nossa esperança de nossa fé.

Era um dia chuvoso. Enquanto o Papa rezava dentro da Basílica, nós, jornalistas que acompanhávamos a comitiva papal, ainda cruzávamos o estacionamento lotado de fiéis. Minha mãe, ah, minha mãe estava lá, devota como é. Chegara ainda de madrugada com a amiga. Escolheram um lugar próximo da área aberta para a passagem da comitiva. Por telefone, ela me indicou o ponto, eu desci rapidamente do palco armado para os jornalistas e fui ao encontro dela. Em meio a tantas pessoas, consegui naquele momento entregar a ela o crucifixo que o Papa havia abençoado dentro do avião. Dá para imaginar isso? Inacreditável! Mas, como ela mesma diz, "os anjos sempre abrem caminhos", e eles abriram para que ela pudesse me ver. De onde estava, no meio da multidão, minha mãe me encontrou entre os jornalistas com a ajuda da amiga Neusa Oliveira, que a acompanhava. E realmente foi o único momento em que encontrei alguém da família durante a viagem. Porque, como fazíamos parte da comitiva oficial, não podíamos nos desconectar da equipe.

Passado aquele momento de encontro de extrema alegria, eu e o repórter cinematográfico André Zorato voltamos para o ponto de onde não poderíamos ter saído. Agradeço ao amigo e fotógrafo Zé Caetano, que, apesar da distância, conseguiu imortalizar o momento em que encontro e entrego para minha mãe o crucifixo, réplica do usado pelo Papa Francisco.

Dentro da Basílica, a procissão de entrada da Missa a ser celebrada pelo Papa tem início. Chegamos em busca dos bancos reservados para a imprensa. Quando nos acomodamos, dou uma esticada no olhar e, duas fileiras à frente, vejo um grupo de personalidades: Elba Ramalho, usando um véu branco, Jair Rodrigues e Agnaldo Timóteo puderam ver o pontífice de perto durante a celebração.

"Viver isso é um sentimento de amor grande pela minha Igreja. Eu faço a Eucaristia diária e amo praticá-la junto do povo", disse Elba Ramalho durante uma rápida conversa que pude ter com ela.

Olhando para Jair Rodrigues, soltei:

— Olha a nova dupla sertaneja aí, sô!

Eu me referia a Jair Rodrigues e Agnaldo Timóteo, que emendou:

— E você já virou o "repórter da bandeira".

Obviamente, àquela altura, eu era reconhecido assim

pelo meu gesto dentro do avião, que tinha chegado aos brasileiros e ao mundo inteiro. Também estavam no Santuário Nacional de Aparecida a dupla sertaneja Hugo e Tiago, as Irmãs Galvão, Celia e Celma e Padre Antônio Maria, acompanhado também do Padre Alessandro Campos, conhecido por evangelizar por meio da música sertaneja.

 Neste momento, chamo a sua atenção, caro leitor. Num rápido cochicho com o Padre Alessandro, porque a Missa já tinha começado, perguntei a ele o número de seu celular para manter contato no futuro. Era a oportunidade que eu tinha para saber se o nosso sobrenome nos une através da história familiar.

19. INSPIRAÇÃO E GRATIDÃO

O tempo passou, os anos correram, muita coisa aconteceu, é verdade! Nunca mais encontrei Padre Alessandro! E aquela pergunta, que eu tinha comigo, só consegui fazê-la em julho de 2020.

O número do telefone do padre já não era o mesmo há muito tempo. No entanto, em minha agenda ainda tinha o contato de Maristela Ciarrocchi, jornalista que havia trabalhado com o Padre Alessandro. Eu tentaria conseguir com ela o contato atual do padre para, enfim, poder conversar sobre a família Campos.

Era manhã de um domingo. Estava na cozinha, preparando o almoço, quando Maristela me retornou:

— Marcio, eu não trabalho mais com o Padre Alessandro e também não tenho mais o contato dele. Eu deixei a assessoria de imprensa e agora tenho a minha editora de livros.

Não consegui o contato do padre, mas, naquele dia, era plantada a semente deste livro que hoje chega às suas mãos. Foram necessários sete anos até que a providência divina me fizesse reencontrar Maristela e pudesse receber a inspiração e o chamado para imortalizar, nesta obra, a minha gratidão e de toda a minha família por Nhá Chica!

No mesmo dia, programamos a data do lançamento e comecei a esboçar um roteiro. E não seria possível deixar de fora deste meu testemunho o encontro com o Papa Francisco.

20. DE VOLTA AO VOO PAPAL

Foi durante aquele momento dentro do avião papal, enquanto sobrevoávamos o Oceano Atlântico, que durou exatamente dois minutos e quatro segundos, que eu expus ao mundo, em meio a tantas informações, que minha esposa estava doente.

E após aqueles dois intermináveis minutos, eu me despeço, curvando-me diante dele, e, mais uma vez, ganho na cabeça o seu gesto de pastor.

— Sua bênção!

Naquele instante, eu concretizava o meu grande projeto profissional, realizava-me como católico e me enchia de esperança ao ganhar as bênçãos do Papa para a minha esposa, que só iniciou o tratamento após o meu retorno dessa viagem.

Após o último jornalista da comitiva se apresentar ao Papa, o Padre Lombardi encerrou:

— Acabaram realmente de vir todos? Sim? Ótimo! Agradecemos verdadeiramente de coração ao Papa Francisco, porque foi — julgo eu — para todos nós um momento inesquecível e penso que constituiu uma bela introdução a esta viagem. Acho que o Santo Padre conquistou pelo menos um pouco do coração destes "leões", de modo que, durante a viagem, possam ser seus colaboradores, isto é, compreendam a sua mensagem e a difundam com grande eficácia. Obrigado, Santidade!

Francisco, assim, conheceu a maior parte da comitiva composta da imprensa.

— Agradeço-lhes de verdade e peço-lhes que me ajudem e colaborem, nesta viagem, para o bem, para o bem; o bem da sociedade, o bem dos jovens e o bem dos idosos; ambos juntos, não o esqueçam! E eu fico um pouco como o profeta Daniel: um pouco triste, porque vi que os leões não eram muito ferozes! Obrigado, muito obrigado! Um abraço a todos! Obrigado!

Naquele dia 22 de julho de 2013, após me encontrar com Francisco e mostrar para o mundo a Beata Nhá Chica, o Grupo Bandeirantes também entrou para a história ao fazer a primeira transmissão ao vivo de dentro de um avião. Mas não era qualquer avião, era o avião papal!

— Bom dia, Marcio! – anunciou Rafael Colombo.

— Bom dia, Rafael! Bom dia, Salomão! Bom dia a todos! Foi muito proveitosa a manhã já com o Papa Francisco. Nós estamos sobrevoando, neste momento, o início do Oceano Atlântico. Acabamos de passar pela África e estamos sobrevoando o Oceano Atlântico, neste momento. A previsão é de pousar no Rio de Janeiro por volta das quatro horas da tarde, se tudo estiver correto, se não houver nenhuma alteração de rota, quatro horas da tarde é a previsão de chegada ao Rio de Janeiro, viu, Rafael!

Pontualmente, às 15h43, o avião papal tocou o solo brasileiro no Aeroporto Internacional Tom Jobim, o Galeão, no Rio de Janeiro. Assim que isso aconteceu, eu liguei para a produção, que me colocou ao vivo por telefone ainda com a aeronave em deslocamento. No estúdio, o apresentador José Luiz Datena, ao lado do teólogo Mario Sérgio Cortella, perguntou-me:

— Ô, Marcio, como é que tava o humor do Papa durante o voo? Parece que muito legal, né? Porque ele teve até uma frase: "Pô, vocês já dizem que Deus é brasileiro, queriam um Papa brasileiro também?". Foi um momento de muita descontração, não, Marcio Campos?

— É, Datena! Aliás, essa é uma das marcas dele, a simplicidade, a humildade, a atenção...

E foram sete dias intensos de cobertura, acompanhando todos os passos do Papa Francisco, o Papa do "fim do mundo", que, espero, será o responsável por canonizar Nhá Chica.

Pelo menos, com ele, ficou aquela pequena oração com a foto e um pedacinho de um tecido usado pela beata brasileira.

Nhá Chica, rogai por nós!

21. DEPOIMENTOS SOBRE NHÁ CHICA, FRANCISCO E EU

"Pra quem tem fé,
a vida nunca tem fim."

Verso da canção "Anjos", da banda O Rappa, que o jornalista **Ricardo Boechat** *(13/07/1952 – 11/02/2019) costumava repetir.*

"Boechat se dizia ateu, mas falava com carinho essa frase e ajudava todo mundo."

Veruska Boechat

VIRTUDES CRISTÃS: ALIMENTO

Fernando Mitre
Diretor-geral de jornalismo da TV Bandeirantes

A imagem de Marcio Campos diante do Papa Francisco, naquele momento raríssimo dentro do avião, revelava mais do que um grande repórter se comunicando com uma personalidade mundial. Ali estava um cristão emocionado expressando o dom dos que foram tocados pela Graça: a fé que o acompanha no trabalho e na vida.

Foi um belo capítulo do jornalismo da Band.

Na redação, entre as conversas e as avaliações de rotina, o vídeo foi festejado pelo valor jornalístico que tinha — e continua a ter. Contudo, quem estivesse mais próximo do Marcio e de sua família saberia que ele passava por uma fase difícil e sofrida. E que toda aquela carga transparece naquele precioso momento de intimidade com Francisco.

Quem pedia a bênção do Pontífice para si e para a família era, além do repórter brilhante fazendo seu trabalho, um marido angustiado convivendo com um diagnóstico que sua mulher acabava de receber. A doença insidiosa, hoje já vencida, pesava no espírito do repórter e, certamente, interferia no seu trabalho. Dava maior intensidade àquele encontro com Francisco e tudo isso — incluindo a fé e a esperança do Marcio — levou, não há dúvida, mais significado à qualidade da cobertura feita. Um trabalho que ficou na nossa memória.

Todo o episódio — em torno dessa missão profissional cumprida com brilho — ilustra e confirma a sensibilidade permanente e muito característica daqueles que, como o Marcio, se alimentam das clássicas virtudes cristãs.

Não passaria mesmo em branca nuvem — ou como um simples episódio profissional — o encontro desse jornalista especial com seu Pontífice.

UM AMIGO SAUDOU O SANTO PADRE

José Caetano
Fotógrafo, jornalista e pesquisador

O que posso dizer daquele momento? Quando vi o jornalista Marcio Campos diante do Santo Padre, eu vi o que há de mais nobre na conduta de um profissional das comunicações e de um homem com formação e cultura ímpares. Ao longo de minha carreira como jornalista cobrindo a vida da Igreja, tendo iniciado meu trabalho sob o reinado de João Paulo II, passado por Bento XVI e tendo ainda passado por Francisco, vi colegas se portarem de diversas formas diante dos Sumos Pontífices. A postura de Marcio Campos me deu esperança de que jornalistas ainda buscam a verdade e a reconhecem, especialmente quando estão diante de fatos ou pessoas reais. É assim que se cumprimenta o Papa. Ele não é um simples chefe de estado. Um Papa representa Cristo (*Alter Christus*) e também é um monarca, o último monarca absolutista da Europa. Um Papa reina, e saudar um Papa tem seus gestos protocolares. Também vi um católico saudando o chefe de sua Igreja.

Quando vi o Papa perguntar da TV Bandeirantes e sua reação, também fui tocado. Meu pai fizera carreira na rede de rádio dessa mesma emissora e também era um católico comunicador. Meu coração ardeu de alegria, por mais estranho que pareça ter alegria por uma empresa de outrem. Mas assim foi.

Dois minutos que certamente marcaram a vida de Marcio e certamente marcaram também a minha. Um amigo saudou o Santo Padre. Um amigo, que fiz justamente nessa viagem apostólica, cuja amizade tem sabor de amizade velha, dessas que são para sempre. Coincidências familiares também ajudaram a firmar essa amizade. A Providência Divina nos faz essas delicadezas ao longo de nossa jornada de vida.

Por fim, Nhá Chica! Como um filho espiritual de Dom João Hipólito, falecido bispo de Lorena, sempre ouvia as intenções de suas Missas quando, depois de lidas as intenções particulares dos fiéis, o próprio bispo celebrava em intenção de Nhá Chica. Tenho certeza de que essas Missas contaram para o culto público dessa santa mulher. Marcio também não podia deixar de interceder pela santa mineira junto ao Vigário de Cristo. Ele intercede por ela, por seu culto e ela intercede por ele, junto a Nosso Senhor Jesus Cristo. O nome teológico dessa amizade sem fronteiras é Comunhão dos Santos.

Dois minutos podem mudar a história. Da vida do Marcio, da vida de quem viu. Enfim, dois minutos.

A MINEIRICE QUE CONQUISTOU FRANCISCO

Marcelo Zanlucchi
Jornalista. Foi assessor de Comunicação da JMJ Rio 2013

Eu já estava morando há quase seis meses no Rio de Janeiro, e o Vaticano tinha acabado de me nomear representante da Sala de Imprensa da Santa Sé, especificamente para cuidar da vinda do Papa Francisco ao Brasil e dos jornalistas que seriam admitidos no voo do Papa. Foi quando toca meu telefone e um moço de fala mansa se apresenta como o jornalista Marcio Campos, da Band. Entre tantas apresentações, que não se faziam necessárias, já que o conhecia de longa data da televisão, uma me chamou a atenção: Marcio disse que tinha uma missão especial e que gostaria de participar da seleção dos jornalistas, não só pela cobertura jornalística que faria para o órgão de imprensa, mas porque era católico praticante e que cobrir os passos do Papa no Brasil teria um motivo pessoal muito importante. Dali, os telefonemas se fizeram constantes e uma amizade verdadeira foi surgindo daquele ambiente de comunicação e eclesiástico. Sobretudo porque Marcio sempre fazia questão de destacar sua veia mineira.

Faltavam duas semanas para que o Papa chegasse, e promovemos um encontro com os jornalistas brasileiros admitidos no voo, lá na sede da Arquidiocese do Rio de Janeiro. Tal foi a minha surpresa quando ele chegou para me conhecer pessoalmente, trazendo um enorme queijo meia-cura e salientando que era um produto da melhor qualidade, feito por um mestre queijeiro de Aiuruoca. Ali, percebi que o amor mineiro de Marcio se traduzia nas palavras e nos gestos e que poderíamos ter surpresas agradáveis de seu trabalho na cobertura da viagem papal.

Pois é, de fato, nós nos surpreendemos! Já estávamos com a surpresa de Francisco, o Papa latino-americano que estava trocando os ares da comunicação e do Vaticano, como posicionamento público, e no voo tivemos um espaço de abertura aos jornalistas. Ali, presenciamos uma das cenas que jamais serão esquecidas: Marcio entrega a bandeira brasileira ao Papa Francisco, principalmente em sua primeira viagem apostólica. Mais que isso, assim como o queijo que Campos me trouxe, quis, na sua "mineirice", fazer que Francisco conhecesse a mineira Nhá Chica. De lá para cá, todos já sabemos a história. Mas Marcio não fez só história: marcou a vida de muitas pessoas. E eu fui tocado pelo seu amor por Minas, pela sua catolicidade e por seu trabalho jornalístico excepcional.

DA PARÓQUIA MINEIRA À SANTA SÉ:

AS ÁRVORES E O CAFÉ SABIAM DE TUDO!

Fernando Hessel
Jornalista

O relógio marcava 3h45 da tarde de uma sexta-feira ensolarada e de céu azul. O sol brilhava intensamente, mas uma brisa fria nos obrigava a nos refugiar em casacos e paletós. Para balancear aquele friozinho gostoso do bairro do Morumbi, zona sul de São Paulo, nada melhor que um cafezinho quente com pão de queijo em boa companhia.

O ponto de encontro era na loja de café que ficava em meio às muitas árvores do estacionamento interno na sede da TV Bandeirantes, zona sul da cidade. Eu estava sentado, e se aproximava o meu amigo Marcio Campos para mais uma tarde regada a muita conversa e distração. Naquele dia, estávamos apenas nós dois, naquilo que se tornou, com o passar dos anos, um ritual sagrado e diário de todas as tardes com todos os amigos de redação; naquela tarde, o destino nos reservava um *"one by one"*.

Aquele era um momento que tirávamos para nos desprender das notícias ruins que chegavam a rodo no jornalismo *hardnews*. Talvez, debaixo daquelas árvores, fosse o nosso refúgio perfeito para aquele intento; era, na verdade, o nosso mundo paralelo. Um lugar onde nos conectávamos ao universo mais perfeito e sublime de toda a existência. Nesse café, viajávamos do Brasil a França em poucos segundos. Depois, seguíamos para Índia e depois Xangai. Era tudo muito rápido e realizável. Idealizávamos e realizávamos.

Não era uma simples água suja de cafeína que tomávamos e, sim, um túnel do tempo de coisas boas que conectávamos diariamente. Imaginem que aquela hora dos cafezinhos era o exato momento em que o universo abria uma janela para nos presentear com coisas boas do imaginário.

Naquele exato dia, eu e o Marcio Campos, conversamos bastante; como sempre e costumeiramente. Eu contava as minhas agruras e desafios que se avizinhavam pela frente e ele, os desejos de um jornalismo diferente daquele praticado à época no mercado. Mas eu senti, naquele dia, algo diferente. Profundo homem de fé, ele me mostrava fotos de uma pequena Igreja ainda no alicerce. Nos registros, viam-se as valas abertas para aquilo que seria uma grande nave de uma Igreja Católica no interior das Minas Gerais. O jornalista perspicaz adotara aquele projeto em prol da comunidade local.

Marcio parecia estar em outro plano; um ambiente em que não havia problemas, e sim conquistas. Aquelas valas vazias sem recursos financeiros em nada abalavam a ousadia daquele jornalista mostrada nos rascunhos do projeto de engenharia e arquitetura.

Marcio Campos queria indubitavelmente construir aquela Igreja; nas palavras dele, era uma missão sem volta. Mas, aos mais infiéis... Quem patrocinaria aquela obra? Em quanto tempo arrecadaria os fundos necessários? Era um verdadeiro "Mondrian" a ser juntado no tabuleiro com a ajuda, é claro, daqueles que fossem tocados no coração.

Foi nesse momento que pude ver outro Marcio Campos. Os cafés se repetiram, e as valas já não mais existiam nos goles futuros; os buracos foram tomados de concreto. E, depois, as colunas já estavam interligadas por tijolos. Paulatinamente, diria o Apóstolo Paulo, a Igreja tomava forma.

Marcio se mostrava um constante homem de fé; isso era sabido e visível. Ele não tinha vergonha de demonstrar essa paixão pelo invisível. Mas, na sequência dos cafés, eu pude ver que a fé do Marcio Campos tomava cada vez mais a forma física. Era como se fosse a revelação de Deus se materializando na pessoa dele. O jornalista e o arquiteto caminhavam na mesma pessoa.

Mas, de repente, o nosso destino tomou caminhos distintos. Eu me mudei para o deserto do cerrado brasileiro numa missão profissional, no centro geodésico do Brasil. Com isso, infelizmente, criou-se um vácuo em nossa amizade. Acabara naquele momento o pó de café. Agora eu estava em Palmas, no Tocantins, com a missão de desbravar a comunicação pela Band naquele novo estado. O nosso calendário marcava o ano de 2008.

Desde então, o contato entre mim e Marcio Campos se esvaiu. Não trocávamos mais telefonemas; *e-mails* nem pensar. Os cafés se evaporaram, e eu, sem companhia, reduzi minha taxa de cafeína no sangue. Não tinha amigos; a lida me obrigava cada vez mais a desviar-me das poeiras daquele sertão. Restava-me apenas a memória. Os redemoinhos de vento pouco se assemelhavam àquelas brisas debaixo daquelas árvores frondosas da rua Radiantes. A saudade era abatida pelo intenso e constante calor de 45 graus. Os anos se passaram...

Segunda-feira, 22 de julho de 2013. Eu entro na minha sala de vidro, paredes azuis, um ambiente bastante escuro para amenizar o calor seco do cerrado e pouco iluminado. Apenas um foco de luz sobre a mesa de trabalho mostrava que eu deveria ter foco e determinação. Entrei e olhei pela janela, como sempre fazia ao chegar ao trabalho, para contemplar ao longe o rio Tocantins. Uma nuvem de poeira se aproximava do prédio. Parecia estar trazendo um recado. Era o período de seca, e ventanias eram comuns. Suspirei fundo imaginando o quanto seria difícil o meu dia de trabalho naquele lugar inóspito de nosso país. Tantos desafios, uma terra de "quase ninguém" e de pouca esperança para o povo.

Sento-me em minha cadeira e ligo a TV sempre sintonizada na Band. O monitor demorou a acender, mas, quando o sinal firmou na tela, escutei a voz do Marcio Campos através de uma entrada por telefone. A voz era inconfundível. Tantos cafés reforçavam o tom daquelas cordas vocais tão peculiar. As imagens transmitidas e repetidas diversas vezes o mostravam segurando a mão do Papa Francisco dentro de um avião com o logotipo da Alitalia ao fundo. Aquilo parecia ser um verdadeiro filme. Eu custei a entender o que realmente estava acontecendo naquele momento. Algo aconteceu durante o período em que ficamos ausentes um do outro. A vontade era pegar o telefone e ligar para o Marcio Campos imediatamente. Mas como eu falaria com ele, uma vez que ele estava a bordo com o papa. O papa? Um filme começou a rodar na minha cabeça em alta velocidade. O cheiro de café na sala aumentava a cada palavra ouvida e propagada por aqueles plantões e notícias que se sucederam no decorrer daquele dia.

Zaz (*sic*). Marcio Campos conseguia ali construir milhares de paróquias pelo mundo. Eu estava certo disso. A programação da emissora parou para ouvir Marcio Campos.

Aquele que, com o tal projeto de ajudar uma pequena igreja mineira e que tentava chamar a atenção de doadores para aquela obra, agora estava na frente do chefe maior da Igreja Católica; algo impensável e inimaginável.

A nossa diferença de linha de fé cristã nunca foi uma barreira; e ali pude ver como a fé jamais pode ser carimbada por determinada denominação. Eu nasci num berço protestante e fui doutrinado a respeitar as diferenças; e aquele fato transmitido para todo mundo provou mais do que nunca que a fé de uma pessoa transcende limites de uma realidade. Uma fé transformadora. Confesso que fiquei imensamente orgulhoso daquilo a que meus olhos assistiam. Marcio Campos conversava cara a cara com o Papa, um papo num português bem "mastigado", bem pausado para que o Papa Francisco entendesse *ipsis litteris* a mensagem dele.

Eles estavam a bordo do *Airbus* A330-202 da Alitalia, prefixo EI-EJJ. Uma aeronave escolhida pelo papa para se encontrar com o meu amigo. Isso mesmo, o papa encontrou-se com ele; e não o contrário. Eu acredito que Marcio não estava apenas numa missão jornalística; o jornalismo foi o acaso. A reportagem foi o plano meramente terreno, mas o espiritual estava acima de tudo naquela cobertura, coordenando aquele encontro. Em mim não havia questionamento ou dúvida sobre aquele momento. O que fazemos na Terra é o cumprimento de uma missão com uma base invisível e que nos impulsiona fortemente neste mundo.

De todos os repórteres naquele avião, Marcio Campos com certeza foi o único que conseguiu ter o seu registro guardado na memória do Santo Padre. Um líder, do porte de um Papa, tem contato com inúmeros jornalistas e admiradores e dificilmente se lembra ou lembraria daqueles que cruzam seu caminho. Em nada, aquela intervenção do repórter alterou a notícia, pelo contrário, trouxe para si a afinidade do entrevistado com o entrevistador com maestria. Tenho certeza absoluta de que aqueles dois minutos ainda estão registrados na memória do entrevistado.

Marcio Campos não estava naquele momento trabalhando e, sim, cumprindo uma missão da qual ele possivelmente não tinha total conhecimento.

Aquela tarde no meu escritório demorou a passar; estranhamente ninguém bateu à minha porta ou incomodou. Foi um silêncio que perdurou até o anoitecer; em que acompanhei passo a passo aquela saga. A matemática daquela cobertura jornalística era assim: Marcio Campos e mais 69 jornalistas. Para mim, Marcio não estava na comitiva, ele era a própria comitiva. O Papa Francisco não precisa de melhor *host* no Brasil; busquem nos arquivos da época e vocês poderão ver o Pontífice guardando no bolso o santinho da Nhá Chica entregue pelo repórter. Imaginem o Papa trocando roupa e tirando a carteira com aquela imagem da beata brasileira. Quem me entregou isso?, perguntaria. Mas ele sabia. Foi o único presente que o Papa não despachou aos seus assessores no voo. Marcio Campos estava com aquela beata da mineira Baependi.

Às nove horas da noite, apaguei a luz que ainda insistia em iluminar a minha mesa, despedindo-me da minha sala. A porta bateu, ecoando pelos vazios corredores do quinto andar. Sozinho no elevador, eu me questionei: por que aquelas árvores frondosas do café não contaram para nós a quantidade de tabernáculos que Marcio construiria nos anos que viriam pela frente? O plano de Marcio era construir apenas uma Igreja, mas as árvores sabiam... Sim, elas sabiam que ele construiria milhares de paróquias naquela heroica segunda-feira.

O elevador que me conduzia continuou a descer, até que cheguei a terra firme na certeza de que, passado todos esses anos, o Papa Francisco quer voltar a falar com Marcio Campos. Disso todos nós sabemos, e nem as árvores, nem os cafezinhos precisam nos contar.

OS FATOS À LUZ DA FÉ

Cônego Marcio Queiroz
Foi Diretor de Comunicação da JMJ Rio 2013

É inegável o seu profissionalismo e a forma séria com que trata os mais variados temas, Marcio. Por ocasião da JMJ Rio 2013, tive a alegria de acompanhar o seu trabalho. No voo papal, você representou com brilhantismo a imprensa brasileira e, ao mesmo tempo, o cristão católico que ama a sua pátria, mas ama também a sua fé.

Ao entregar a bandeira brasileira e a imagem de Nhá Chica, demonstrou justamente a religiosidade popular própria do nosso povo.

Parabéns pelo profissional que você é e pela capacidade de ler os fatos à luz da fé, trazendo esperança ao povo brasileiro.

JORNALISTA DE FÉ

Dom Manoel Ferreira dos Santos Junior, MSC
Bispo diocesano de Registro (SP)

Marcio é um homem bom. Como jornalista profissional, todos nós sabemos de sua capacidade de comunicação; como pai de família, sabemos que é amoroso e presente; como cristão, solidário com as causas dos mais simples, mas nem todos sabem de sua profunda espiritualidade, que se fundamenta em seu nascimento no seio de uma família profundamente católica e religiosa.

Lembro-me de quando o conheci, nos inícios dos anos 2000, eu estava trabalhando na Vila Formosa, São Paulo, no Santuário, e ele me procurou para conhecer a devoção de Nossa Senhora do Sagrado Coração. Naquela ocasião, ele queria construir a "obra do bem", que era um trabalho de inclusão social para o povo de sua cidade e seu bairro e construir uma capela à imagem de Nossa Senhora, que durante muitos anos esteve na sala de aulas em que sua tia lecionava e que, agora, com a aposentadoria da mestra, teria de arrumar um lugar digno a Nossa Senhora do Sagrado Coração.

No encontro com o Papa Francisco, no avião, em sua vinda para o Brasil, na Jornada Mundial da Juventude, Marcio ficou mais conhecido como católico. Naquele voo, ele se aproxima do Papa, como jornalista de fé, e, em nome do povo brasileiro, oferece a bandeira e recebe bênção das mãos do Papa. É a espiritualidade que ele vive que o faz um homem completo, comprometido com a vida e solidário com as causas do evangelho. Essa espiritualidade reflete-se nos seus atos, palavras e trabalho.

Desejo a Marcio muita saúde e paz, para que continue sendo esse homem místico e exercendo seu trabalho como leigo comprometido com os valores do Reino de Deus.

TRANSMITIR EMOÇÕES NÃO É, AFINAL,

UM DOS PAPÉIS DO JORNALISMO?

Denis Romani
Jornalista e editor do Jornal da Band

Da parceria entre um editor agnóstico e um repórter católico surgiram dezenas de ótimas histórias na última década do *Jornal da Band*. Não que a religião importe nesses casos. Mas, às vezes, importa. Mesmo sem conseguir definir ao certo aquilo em que acredito ou não acredito, tive o prazer de editar duas reportagens especiais com temas religiosos comandadas pelo amigo e jornalista Marcio Campos. A primeira, sobre uma viagem para Assis, na Itália, onde ele esteve no túmulo de São Francisco e ainda participou de um almoço no refeitório dos franciscanos, uma honra para poucos. Depois, veio uma série especial sobre os segredos de Maria Madalena. A viagem, dessa vez, foi para Israel, com direito a visitas ao Calvário, ao Santo Sepulcro e às ruínas de Magdala. Nas duas ocasiões, o Marcio repórter e o

Marcio cristão estiveram ali dividindo espaço na tela. A emoção no rosto é do cristão, mas as informações pesquisadas e transmitidas são do repórter. Apesar da importância dessas duas ocasiões, eu tenho certeza de que o momento que mais marcou a sua carreira foi o encontro com o Papa Francisco no avião papal.

E não dá para negar: nessa hora, o lado religioso falou um pouquinho mais alto. Quando fala da felicidade que sua mãe — ministra da eucaristia — sentiria ao ver a cena, ou quando é abençoado depois de relatar que a esposa estava doente, não era o repórter que estava ali, mas, sim, a "pessoa física": Marcio Campos, filho, marido e devoto. Na redação, não faltaram brincadeiras com nosso "repórter coroinha" sobre o momento em que ele não para de tirar coisas dos bolsos, entre presentes e objetos para serem abençoados pelo Sumo Pontífice. Eram tantas coisas, e tanto nervosismo, que algo até cai no chão e um desengonçado Marcio se abaixa para pegar. O encontro chega ao fim depois de cerca de dois minutos com o repórter explodindo de felicidade, sorrindo como uma criança e encantando o Papa, que sorri junto. E em casa, eu tenho certeza de que os telespectadores — mesmo aqueles sem nenhuma crença — também estavam sorrindo, emocionados.

    E transmitir emoções não é, afinal, um dos papéis do jornalismo?

ENTRE A DISSIMULAÇÃO E A VERDADE,

MARCIO FICOU COM A TRANSPARÊNCIA

Roberto Zanin
Jornalista

Ser jornalista é ser constantemente "patrulhado". Até ontem, não era bom que alguém descobrisse a preferência política ou religiosa desse ou daquele profissional; nestes tempos difíceis em que vivemos, acaba sendo bom você se posicionar, desde que esteja do lado considerado "certo".

Para um jornalista parece "pegar bem" ser ateu ou agnóstico. Ou, vá lá, ser adepto de alguma filosofia oriental. Não crer em Deus, desconfiar da existência Dele ou praticar meditação transcendental confere uma atmosfera pseudossuperior.

Ser crente e, pior, cristão católico leva quase sempre consigo o rótulo de fundamentalista, obscurantista, piegas.

O outro ingrediente dessa receita é que jornalista deve ser "neutro". Imparcial. Impassível. Tudo isso faz parte do "profissionalismo".

Marcio Campos, brilhante repórter, um dos poucos que consegue cobrir, por exemplo, a tragédia-crime de Mariana sem cair no pieguismo ou sensacionalismo, desafiou esses dogmas.

Católico, ora vejam, Marcio teve a ventura de ser um dos jornalistas convidados para o voo papal que trazia o Papa Francisco ao Brasil.

Demonstrar suas emoções trairia o bom jornalismo?

O que faria ele? Seria um jornalista "neutro", impassível diante do Papa?

Mas isso seria trair a si próprio.

E somente a autenticidade pode assinar o atestado de credibilidade que a profissão exige.

Entre a dissimulação e a verdade, o repórter ficou com a transparência.

Desnudou a alma em rede nacional. Torrente de emoções.

Como não transmitir a Francisco a alegria de recebê-lo?

Antes de falar o jornalista, falou o brasileiro, falou o cristão.

O nobre ofício de reportar exige sacrifícios familiares. Por vezes, dias, semanas, meses sem ver a família.

Nos exatos dois minutos e quatro segundos diante do Papa, por que não pedir orações pela esposa enferma? Em nome da "postura"?

E ele pede.

A sinceridade transborda como os objetos religiosos que Marcio trazia no bolso, ávidos para que Francisco os abençoe (tão ávidos que alguns caíram no chão).

E naqueles minutos em que tudo parece parar, ainda sobrou tempo para presentear o Papa com uma estampa de Nhá Chica, a mineira, filha de escravos, recém-beatificada.

Tudo isso sob o olhar atônito de colegas. Alguns, talvez, desaprovando o gesto. Outros, quem sabe, desejando ter a mesma coragem.

O Jornalismo deve humanizar o ser que o exerce. Não o contrário.

Marcio saiu daquele avião melhor do que entrou. E isso afetaria para melhor a qualidade de seu trabalho a partir de então.

Afinal, parafraseando o poeta, no peito dos jornalistas também bate um coração.

ENCONTRO DO JORNALISTA MARCIO CAMPOS (BAND)

COM O PAPA FRANCISCO NA JMJ RIO 2013

Cardeal Orani João Tempesta, O. Cist.
Arcebispo Metropolitano de São Sebastião do Rio de Janeiro

Já se passaram sete anos desde a realização da Jornada Mundial da Juventude no Rio de Janeiro. Ainda hoje, a lembrança daquela imensa manifestação coletiva de fé em Jesus Cristo nos enche de emoção. O papel da mídia foi fundamental para divulgar ao mundo a mensagem que o Papa Francisco veio nos trazer, provocando uma mobilização de profissionais e recursos jamais vista em nosso país. Dentre os jornalistas com os quais tivemos a oportunidade de lidar, destacando-se por sua competência, encontramos em Marcio Campos um diferencial significativo, que o distinguiu no desempenho daquela missão — o testemunho de sua fé. A emoção e o carinho de suas palavras ao Papa Francisco, durante o voo com a Comitiva Papal a caminho do Rio de Janeiro, mostraram que ser cristão e profissional são qualidades que se complementam na vida desse dedicado jornalista. O seu exemplo renovou em nós a certeza de que o trabalho, alicerçado nos valores da fé, contribui para que haja na mídia mais ética, compromisso com a verdade e respeito ao público.

Rio de Janeiro, 17 de setembro de 2020.

JORNALISTA EM VIAGEM COM O PAPA FRANCISCO

Cardeal Odilo Pedro Scherer
Arcebispo de São Paulo

Em julho de 2013, na sua viagem ao Brasil, para participar da Jornada Mundial da Juventude, o Papa Francisco concedeu uma entrevista coletiva, ficando muito à vontade no meio dos profissionais da imprensa. Mas nosso jornalista — que acompanhava o voo do Papa de Roma ao Rio de Janeiro, onde Francisco participaria da Jornada da Juventude e diria palavras memoráveis à imensa multidão de jovens de todo o mundo, vindos ao Brasil para participar do evento - tem muito para falar e tira alguns objetos do bolso, entre os quais um rosário, pedindo ao Papa que os abençoe. Pede também a bênção para a sua esposa. O Papa aceita e abençoa. E o repórter entrega um santinho ao Papa, dizendo que é para ele. "Para mim?", pergunta Francisco. "Sim, para o senhor." E explica que é da beata Nhá Chica. O Papa olha com admiração para o santinho e o recebe. Mas o jornalista católico não perde a chance para mais um pedido e puxa do bolso um bilhete com a oração a Nossa Senhora Aparecida, dizendo que gostou dessa oração, composta pelo próprio Francisco para ser feita na sua visita ao Santuário de Aparecida, incluída no roteiro da viagem ao Brasil. Francisco ouve e continua a sorrir. Mas já olha para os outros jornalistas, que fazem fila... O repórter agradece e pede mais uma vez a bênção para si e sua família. O Papa o abençoa, e a coletiva de imprensa segue a bordo do avião da Alitalia, que segue para o Rio de Janeiro.

Duas coisas chamam especialmente a atenção nesse encontro nada formal do jornalista com o Papa Francisco: a postura inteiramente confiante do profissional da imprensa diante do Papa, como se fosse um filho a encontrar o pai, depois de longa ausência, com tanto a lhe dizer e perguntar. É belo ver que as pessoas conseguem falar com o Papa com toda liberdade e espontaneidade. A vida pessoal do jornalista também conta para ele mesmo e para o Papa. Assim deveria ser com cada católico em relação ao seu padre e bispo. Não é preciso vê-los como pessoas distantes e inacessíveis. Ao lado disso, porém, o repórter segue sendo um profissional e não perde a oportunidade para conseguir do Papa algumas preciosas informações e palavras, em primeira mão. E o Papa também retribuiu com um tratamento informal, como um pai que acolhe o filho. Outro aspecto que chama a atenção é, justamente, o modo como o Papa ouve as pessoas. Ele olha nos seus olhos, ouve e espera terminar, para então responder. Deve ter treinado muito essa capacidade de escuta, o que nem sempre é fácil, sobretudo diante de perguntas insistentes e, por vezes, sobre temas incômodos, como os jornalistas sabem fazer... Nem todos têm essa paciência e delicadeza. Deus continue a dar essa "santa paciência" a Francisco e confirme sua capacidade de escuta, mais ainda, no clima de polarização que vivemos, quando se ouve pouco e logo se está pronto para enquadrar, fichar e calar o interlocutor.

Deus abençoe também o jornalista, que se aproximou do Papa com tanta confiança, substituindo o simples tratamento formal e profissional pelo tratamento filial, que todo católico deveria ter em relação ao Papa e também em relação ao seu bispo e ao padre de sua paróquia. E quando isso acontece, o diálogo se torna transparente e enriquecedor.

São Paulo, 22 de outubro de 2020.

A MAIOR COBERTURA DE NOSSAS VIDAS

Andre Zorato
Jornalista e repórter cinematográfico

Era 22 de julho de 2013. Às 4h30 da manhã, nossos despertadores tocaram, mais por segurança, pois naquele quarto da cidade de Roma não conseguimos pregar o olho durante a madrugada toda. Levantei-me e, no mesmo momento, meu amigo e companheiro de trabalho, Marcio Campos, fez o mesmo.

Chegara o grande dia para dois profissionais prestes a realizarem a maior cobertura de suas vidas. As malas estavam prontas, somente esperando a *necessaire* que ainda estava sobre a pia do banheiro para os últimos ajustes (risos).

Ao chegar à recepção para fazer o *check-out*, avistamos nosso motorista, um brasileiro que vivia há vinte anos em Roma, com o carro já de porta-malas aberto, assim como seu sorriso por saber da nossa missão.

Seguimos para o aeroporto Leonardo da Vinci, também conhecido como Aeroporto Fiumicino, nome da cidade onde está localizado, a 35 quilômetros do centro histórico de Roma, distância essa que parecia uma eternidade para nós. Após alguns minutos, já na rodovia, nosso motorista, percebendo nossa concentração com pouquíssimas palavras, resolve nos alertar sobre um fato inusitado que ele observava pelo retrovisor: "Senhores, o carro do PAPA está aí atrás". Nossa reação foi explosiva, liga câmera, pega microfone e tenta o melhor ângulo para registrar aquele momento. Alarme falso, quem estava dentro daquele veículo era um dos personagens mais marcantes depois do PAPA, é claro, chamado Vick, mas para ele teremos de ter um texto separado (risos).

No aeroporto, fomos recebidos por um integrante da assessoria do Vaticano, que nos conduziu diretamente para a sala de embarque do voo da Alitalia. Ficamos ali por aproximadamente quatro horas junto com grupos de jornalistas, que contavam suas trajetórias uns aos outros para fazer o tempo passar mais rápido. Até um grupo de homens vestidos de terno preto parar no meio do saguão e somente um deles falar: *"Andiamo avanti"*. Era Vick, aquele mesmo que encontramos na chegada ao aeroporto! Formamos uma fila como ele havia pedido e começamos a caminhada para o avião.

Nesse momento, eu pude perceber a emoção que transbordava na face do meu repórter, Marcio era diferente de todos aqueles, alguns eu conhecia aqui do Brasil e outros acabara de conhecer. Ele foi criado com os princípios da Igreja Católica, praticante e devoto de alguns santos, e sempre levava a palavra da Igreja por onde passasse. Então, aquele momento para ele tinha um significado maior do que para os outros que ali estavam.

Fomos colocados em um ônibus e levados até a porta traseira do *Airbus* A330, subindo um a um para harmonizar com a quantidade de equipamentos que cada um levava. Todos nós tínhamos o local exato para ficar, com plaquinhas com a logomarca do Vaticano e nosso sobrenome, e íamos descobrindo qual seria nossa posição naquele voo. Tivemos 45 minutos para nos acomodar, instalar equipamentos e usar o toalete antes da decolagem; outra autorização de saída daquela posição seria somente após a coletiva do Santo Padre, e assim fizemos até as luzes de apertar o cinto se acenderem e sentirmos um forte vento através das portas, que vinha das pás do helicóptero que trazia o Santo Padre até a porta do avião. Dez minutos depois, as portas se fecharam, e o imponente A330 começou a taxiar, um silêncio tomou conta de todo o ambiente, onde a única coisa que ouvíamos eram os sons vindos da turbina.

Decolagem autorizada, olhei para a fileira de trás, onde Marcio se encontrava, e nem precisamos dizer nada um para o outro, os olhos marejados externavam tudo que sentíamos naquele momento. Após chegar ao nível de cruzeiro, o aviso de atar os cintos foi desligado, sabíamos que, a qualquer momento, o Santo Padre ia aparecer e precisávamos controlar as emoções para que o trabalho ocorresse da melhor forma. Então, a chegada do Santo Padre foi anunciada pelo Padre Lombardi.

Ele chegou discreto, com um sorriso sereno, e nos saudou com um suave "Bongiorno"; em seguida, falou um pouco como seria a visita e suas impressões sobre o Brasil; ao terminar, fomos informados de que o Santo Padre cumprimentaria um por um dos 70 jornalistas que estavam naquele voo, começando pelos fotógrafos, repórteres e, por fim, os repórteres cinematográficos.

E chegou a vez de aquele menino, nascido em Cruzília em 6 de março de 1974, realizar o seu sonho e de todos os seus familiares que o acompanharam por toda a vida: ele ia se encontrar com o líder da religião que ele tanto ama! Marcio me perguntou oito vezes se estava gravando e se o áudio estava bom, e seguiu para o seu momento com o Santo Padre.

Bem, todos sabem como foi emocionante o encontro entre Marcio e Francisco: nem preciso fazer aqui o relato do que minha câmera registrou e exibiu ao mundo inteiro! Quero apenas acrescentar que Marcio voltou para o assento ainda extasiado! E sobre a beata Nhá Chica, confesso que não a conhecia, mas Marcio, que antes me contara a história dela, presenteou-me com uma santinha logo após retornar ao seu assento.

Essa cobertura mudou a história de Marcio e a minha, algo jamais imaginado no começo de nossas carreiras; sabíamos que éramos os primeiros jornalistas do Grupo Bandeirantes a estar nessa missão, que eu prefiro chamar de "Presente de Deus" em nossas vidas. Muito obrigado, companheiro! Muito obrigado, Grupo Bandeirantes de Comunicação!

VOSSA SANTIDADE OU SUA SANTIDADE?

Mario Sergio Cortella
Filósofo, escritor e educador

Encontrar um Papa! Não é somente *ver* (como já vi) um Papa! É encontrar pessoalmente! De perto, face a face, e falar com ele! E ele ouvir e prestar atenção! E presenteá-lo, e por ele ser gentilmente tocado na testa, e dele receber uma bênção!

Tanto faz, nessa hora, se a pessoa tem religião ou não, e, se tem, se esta é a mesma que a do Papa; a emoção é expressiva, por conta da simbologia histórica, pela hierarquia como Chefe de Estado, porque é uma autoridade religiosa para milhões e milhões de gentes, por ser essa pessoa única como Papa em exercício e, no caso, o primeiro latino-americano, o primeiro jesuíta, o primeiro a chamar-se Francisco!

Encontrar um Papa assim já seria retumbante, mas, além de tudo, encontrá-lo dentro de um avião que o trazia para o Brasil, na primeira viagem daquele que houvera sido entronizado apenas quatro meses antes desse encontro, seria um feito para qualquer católico e até para qualquer jornalista! E quando esse jornalista também é católico? Aí, temos de dizer: aí é demais! E foi assim que ocorreu com Marcio Campos...

Jornalista e católico, católico e jornalista? Em qual sequência? Não importa; ali estava, na comitiva papal, por ser jornalista credenciado, mas, surgindo a ocasião, deixou o exclusivo enfoque profissional e permitiu aflorar a reverência que a sua fé particular indicou. Marcio Campos, naqueles minutos do inusitado encontro, deteve momentânea e respeitosamente a tarefa de repórter e teceu uma acolhida bem ao modo brasileiro, com bandeira presenteada, com a lembrança da própria mãe, com a entrega de santinho que reavivasse as pontes das fés que se encontraram...

O melhor de tudo, porém, é que nem o repórter e nem o católico (no caso, coincidentes) perderam o prumo; não titubeou e nem foi abusado; podemos lembrar que foi audacioso, mas não foi atrevido ou irreverente.

Os sorrisos contínuos do Papa nesse inusual (VOLP não ainda não reconhece essa palavra, ok?) encontro indicavam uma amabilidade envolvente, mas também uma alegria pela situação, a tal ponto que não sugeriu impaciência ou embaraço, algo que Marcio Campos igualmente não revelava.

Aliás, embaraço sentiria eu, a começar pela dúvida imediata sobre qual o correto pronome de tratamento ao me dirigir ao Papa; ficaria procurando na memória recuperar das aulas juvenis de Língua Portuguesa a alternativa exata para principiar a abordagem, e demoraria um pouco para resgatar (lembra?) que deve ser Vossa quando falamos diretamente com ele e deve ser Sua quando falamos a respeito dele.

Marcio Campos não teve essa dúvida e, como repórter tarimbado, permitiu que o católico nele presente já fosse direto ao foco...

FÉ QUE CONTAGIA

Fábio Figueiredo
Policial

Quando penso em fé, naturalmente penso em você, meu grande amigo.

Você, com sua fé cristalizada, por onde passa deixa uma mensagem: sua força espiritual é o seu combustível.

Deixando sempre um ensinamento: a fé renova suas esperanças.

Enfim, sua fé sempre me contagiou, meu irmão querido!

FATOS QUE MARCAM E DEIXAM REPERCUSSÃO

PAPA FRANCISCO RECEBE A RELÍQUIA DA BEM-AVENTURADA NHÁ CHICA

Claudine Ribeiro
Irmã Franciscana do Senhor

Um dos fatos marcantes que aconteceu com relação à divulgação da Beata Chica foi a entrega da relíquia ao Santo Padre, o Papa Francisco, durante a viagem em visita ao Brasil, onde aconteceria a Jornada Mundial da Juventude. A Beatificação de Nhá Chica tinha sido realizada no dia 4 de maio de 2013. Nesse mesmo ano, o Papa tinha encontro marcado com a juventude no dia 22 de julho, na cidade do Rio de Janeiro.

Diante desse evento, o jornalista Marcio Campos, um grande devoto, homem de coração cristão e desejoso de fazer algo a mais em favor da divulgação, veio até Baependi em busca de algumas relíquias para levar na jornada e distribuir aos jovens.

A proposta era muito boa, pois era o momento de levar para a juventude a mensagem de fé e a devoção a Nossa Senhora, que a Beata Nhá Chica viveu e experimentou durante toda a sua vida.

Diante da proposta de ajudar na propagação e divulgação da santidade de Nhá Chica, surge uma ideia: a de entregar ao Papa a relíquia. Marcio respondeu com determinação: "Eu vou entregar este presente ao Papa". Era um momento único na história dessa divulgação, até porque o Papa já a tinha chamado, no dia de sua Beatificação, de "Perspicaz Testemunha da Misericórdia de Cristo com os necessitados do corpo e do espírito". Entregamos, então, esta missão ao Marcio: apresentar a relíquia ao Papa em nome dos devotos.

Na viagem para o Brasil, Marcio se aproxima do Papa e retira do bolso a pequenina relíquia, entregando-a ao Sumo Pontífice e ouvindo deste, com alegria, o nome da Beata Nhá Chica, com expressão de satisfação por ela ter alcançado a Honra dos Altares e ser um exemplo de fé para o povo brasileiro. O Santo Padre, nessa expressão de alegria e gratidão, sente-se, com certeza, honrado por ser lembrado, pois no meio de tantos jornalistas, um brasileiro se destaca com uma atitude diferenciada: a de presentear-lhe com a pequenina relíquia da então recém-beata do Brasil, Nhá Chica. Foi uma grande repercussão em todo o Brasil e até no exterior.

Foi um momento de reacender a fé e a alegria de tantos corações devotos que tinham acompanhado e participado da Beatificação da Bem-Aventurada Nhá Chica, ocorrida no dia 4 de maio do mesmo ano.

A partir dali, muitos devotos começaram a pedir a relíquia para terem em suas casas e para rezarem com suas famílias, e assim a divulgação aumentou muito.

Hoje, a Bem-Aventurada Nhá Chica é conhecida em todo o Brasil e até no exterior, e aguardamos com esperança a sua Canonização. Rezamos com fé, assim como ela própria dizia: "Eu rezo com fé, por isso as coisas acontecem".

Fato relatado por uma amiga e devota!

UM SER HUMANO DE CARNE, OSSO E CORAÇÃO

Lidice Meyer
Teloga Protestante Presbiteriana

Foram apenas dois minutos, mas foram suficientes para que Marcio Campos fizesse algo memorável: emocionasse o Santo Padre Francisco! Apesar dos seus mais de vinte anos de jornalismo na época, Marcio Campos atrapalha-se, deixa cair medalhas, gagueja, enfim, mostra-se humano. Quem não se abalaria estando naquela situação, frente a frente com Sua Santidade, um símbolo humano da transcendência divina, a quem, desde criança, aprendeu a respeitar?

Ao entregar a bandeira de nosso país ao Papa, Marcio Campos representou simbolicamente o povo brasileiro, acolhido pelo Papa com um sorriso largo e franco. Por fim, após bênçãos pessoais e a objetos, o Papa recebe de suas mãos um "santinho" de Nhá Chica, negra mineira recém-beatificada, que faz questão de guardar consigo no bolso da bata. Ato muito significativo, visto que o Papa se faz acompanhar de um ajudante cuja função é, entre outras, guardar os presentes recebidos. No entanto, com aquele "santinho" foi diferente! Ele mereceu estar junto ao corpo do Papa.

Nesses breves dois minutos, Marcio Campos se mostrou como é, sem *script*, sem microfones, sem câmeras: uma pessoa muito especial, um ser humano de carne e osso e coração. Marcio Campos é um exemplo para todos os que almejam a carreira jornalística, pois é a prova viva de que é possível alcançar o sucesso profissional e manter-se íntegro, verdadeiro consigo e com os outros e, sobretudo, humano.

Contudo, a pesquisadora em mim ficou encucada com o destino do santinho de Nhá Chica... Onde estará hoje? O que fez o Papa ter essa reação emotiva? A beatificação recente? O carinho que sempre demonstrou pelo serviço feminino à Igreja? O carinho pelo povo brasileiro? Acho que, infelizmente, nunca vamos saber...

CRIANÇA FELIZ

Francisco Isaias
Catequista

Marcio Campos, profissional íntegro, persistente, capaz de desafios, filho, pai e esposo dedicado e de princípios, evangelizador a sua maneira, utilizando os caminhos permitidos no meio de comunicação em que atua.

No avião com o Papa Francisco, vemos o profissional se tornar uma "criança feliz", que se encontra com outra "criança feliz", sem perder a responsabilidade que o momento impõe.

E durante o encontro, seu gesto foi de alguém que "aproveita ciosamente o tempo" (Efésios 5, 16a), pois, estando diante da maior autoridade espiritual cristã, foi altruísta, carregou em suas palavras a família e os amigos, sendo instrumento em nome das pessoas que lá não podiam estar...

E, como comunicador que é, elevou ao Céu, na pessoa do Papa Francisco, a voz dos brasileiros distantes na simplicidade da medalha da Beata Nhá Chica.

A troca de palavras, olhares e sorrisos que entre os dois ocorreu selou o olhar de Deus para o Brasil!

O PEREGRINO

José Luiz de Souza
Jornalista

A vida tem me ensinado que todo homem é um ser essencialmente religioso — principalmente nos momentos de dor, solidão e desespero. E donos dessa essência, despem-se de seus títulos, formação e bens diante dos chamados signos de fé. Pensei nisso a primeira vez em que assisti ao vídeo do encontro de Marcio Campos com o Papa Francisco. Dois minutos de um encontro em que o Papa ouviu o jornalista que se dirigiu a ele. E, ao mesmo tempo, sentiu a fé do homem que parou diante dele.

O jornalista e o homem em um só — e o católico, o devoto, o peregrino nas entrelinhas entre os dois. O jornalista falou em nome da emissora. O romeiro, em nome de sua fé — pedindo graças e bênçãos. Nas mãos, em vez do microfone, a bandeira da maior população católica das Américas, o terço, o santinho de Nhá Chica e as lembranças de orações a Nossa Senhora Aparecida.

Alguns anos depois, assisto novamente ao vídeo, enquanto penso no livro que Marcio Campos está publicando com suas divagações sobre essa lembrança e, mais uma vez, não sei onde começa o homem e acaba o jornalista. Seria um livro ou seria um *ex-voto*? Qual a diferença de uma edição impressa daquela longa carta que o peregrino escreve pedindo ou agradecendo uma graça alcançada? A gente nunca vai descobrir ao certo.

A grande verdade é que o jornalista se dirigiu à editora para publicar o livro. Mas o homem escolheu o Santuário de Nhá Chica para lançá-lo.

AMOR, CARINHO, SIMPLICIDADE E FÉ

Frei Evilásio Andrade
OFM Conv.

Eu sou frei Evilásio, franciscano conventual. Tive a alegria de receber, na cidade de Assis, o jornalista Marcio Campos. Antes de tudo, quero dizer que fazia pouco tempo que tinha acabado de chegar para morar na cidade de Assis.

O jornalista da Bandeirantes, escolhido para fazer a viagem com o Papa ao Brasil, aproveitou a ocasião e, já que estava na Itália, foi fazer uma visita à cidade de Assis para produzir uma matéria sobre São Francisco de Assis, e tive a honra de recebê-lo e também de conhecer a pessoa do Marcio Campos.

Na sua visita, ele me fez mudar a opinião sobre os jornalistas, pois nunca fui dado a dar entrevistas. Marcio Campos, além de ser um excelente profissional, me fez perceber a importância de saber conciliar a experiência profissional e a fé.

Estando em Assis, mostrou-me com a sua vida a possibilidade de fazer encontro com Deus e também amor e respeito aos valores cristãos e humanos. O Marcio, com a sua maneira de ser, sabe ser acolhedor e nutre muito amor à Igreja.

Isto posso dizer: fiquei impressionado como, em seu encontro com o Papa Francisco no avião, demonstrou amor, carinho, simplicidade e muita fé ao se aproximar do Papa Francisco, trazendo a bandeira, a imagem e pedindo uma bênção para a sua esposa.

Sendo assim, fico encantado de ver um profissional que sabe viver a sua fé, sem que isso em nada atrapalhe a sua profissão.

Desejo ao Marcio Campos que continue sendo esse grande amigo e profissional.

O JORNALISTA E O SER HUMANO

Jamil Chade
Jornalista

O ano era 2013. Jorge Bergoglio tinha sido eleito para ocupar o trono de São Pedro em Roma e se tornou Francisco.

Mas, quatro meses depois, foi em sua primeira viagem ao exterior, justamente ao Brasil, que ele se consolidou como papa. Em uma semana no Rio de Janeiro, Francisco esclareceu ao mundo seus planos para a Igreja, reconheceu as "incoerências" da instituição e não deixou de criticar os sacerdotes e bispos. Os recados à sociedade também foram fortes. Aos jovens, alertou--os de que não poderiam "lavar as mãos" diante dos problemas atuais do mundo e que precisavam agir. Também os convocou para serem missionários. Às classes dirigentes e aos políticos, a mensagem foi especialmente dura. O papa atacou a corrupção, pediu que os pobres fossem ouvidos e que governos fossem responsáveis por toda a sociedade.

Mas foi o banho de multidão e, acima de tudo, o impacto de suas mensagens que passaram a dar um conteúdo ao seu pontificado e marcar uma nova realidade no Vaticano: o "governo" de Bento XVI acabara, e eram as ideias de Francisco as que iriam marcar o ritmo dos acontecimentos na Santa Sé.

Eu tive a oportunidade de acompanhar aquela viagem de perto, desde seu embarque em Roma, a viagem de doze horas no avião até o Rio, cada um dos deslocamentos do pontífice, seus discursos, reuniões e seu o retorno ao Vaticano, embarcando uma vez mais com a comitiva.

Já no voo entre Roma e o Rio de Janeiro, Francisco não escondia sua ansiedade. Não dormiu um só minuto nas doze horas de viagem. Talvez soubesse que o que o esperava no Rio não era apenas um encontro com jovens, mas o início de fato de seu pontificado.

Mas um encontro chamou a atenção de todos que estavam naquele avião papal. Durante o trajeto, Francisco recebeu por alguns instantes cada um dos jornalistas que o acompanhavam. Na maioria dos casos, um aperto de mão formal ou uma troca rápida de palavras. Todos pareciam esperar receber algo do papa. Com Marcio Campos, porém, a história foi diferente.

Experiente e sempre agindo com respeito, o repórter não tentou arrancar uma frase de efeito do papa, ou buscar uma entrevista. Tampouco transformou aquele momento em uma ocasião para promover sua popularidade. Com uma bandeira do Brasil presenteada ao argentino, ele sinalizou o que o país todo sentia: a vontade de receber o papa de braços abertos. E, com itens religiosos, pediu proteção num momento muito específico de sua vida.

Um momento de sinceridade, de transparência e de humildade.

Naqueles instantes, Marcio não se despiu de seu uniforme de jornalista. Apenas acrescentou uma capa extra: a de ser humano.

PARTE III

PELAS ESTRADAS DA VIDA: COMO A DEVOÇÃO POR NHÁ CHICA TRANSFORMOU A MINHA HISTÓRIA

"A fé é como um brilhante raio de luz do sol. Ele permite-nos ver a Deus em todas as coisas, bem como todas as coisas em Deus."

São Francisco de Sales, padroeiro dos jornalistas

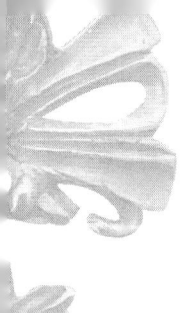

22. A BÊNÇÃO DO PAPA FRANCISCO

— Eu peço uma bênção do senhor para minha família, para minha esposa, que está doente...

Nesse momento, ele levanta a mão direita em direção à minha cabeça, enquanto a mão esquerda, permanece segurando a bandeira brasileira. Eu fecho os olhos, ele muda o semblante, assumindo um tom solene de oração e, em alguns segundos, desliza o polegar sobre minha testa. Ao finalizar, abre um sorriso, e eu o olho novamente...

Foi nesse encontro com o Papa Francisco, em 22 de julho de 2013, que eu abri o coração e expus ao mundo o drama que vivia em casa. Minha esposa, Veronica Dalle, também jornalista, tinha sido diagnosticada com uma doença rara, histiocitose de células de Langerhans. Foi muito, muito difícil chegar a esse diagnóstico, tanto que, para mim, descobrir o que Veronica tinha foi obra de um milagre que aconteceu com a intercessão de Nhá Chica, diante do Santíssimo Sacramento e do Sagrado Coração de Jesus.

E é esse testemunho que vou deixar nas linhas desta obra, em que compartilho detalhes de minha experiência de fé com a futura santa brasileira, Nhá Chica, Jesus, a Imaculada Conceição e Deus.

É um testemunho de fé, um livro-reportagem e um registro histórico daquela que cumpriu a missão com a mais sublime das virtudes: a humildade!

23. PRIMEIRO SINAL

É domingo, 27 de janeiro de 2013, e ainda estou dormindo quando o telefone toca. Do outro lado da linha, alguém da chefia de reportagem da Band me informa que aconteceu uma tragédia, com mais de cinquenta pessoas mortas, e que sou chamado para viajar até o local.

Eu ligo a TV e começo a ver as primeiras notícias. Muitas informações ainda imprecisas sobre o incêndio que atingiu a Boate Kiss, em Santa Maria, no interior do Rio Grande do Sul.

Em poucos minutos, estou de malas prontas, despeço-me de Veronica, de Isadora, nossa filha, e de minha sogra, Dona Rosa Garufe, que morava em Pindamonhangaba, mas sempre passava algumas temporadas conosco em São Paulo.

No aeroporto de Congonhas, encontro-me com Marcelo Amorim, repórter cinematográfico parceiro dessa cobertura, além da repórter Eleonora Paschoal e do repórter cinematográfico Ubaldino Mota. Uma terceira colega do Grupo também foi destacada para esse trabalho: a repórter da Rádio Bandeirantes Maiara Bastianello.

Pousamos em Porto Alegre pouco antes do almoço. Maiara foi se encontrar com o motorista da Rádio Bandeirantes de Porto Alegre. Já eu e a equipe da TV fomos em direção aos hangares de táxi aéreo. Pela gravidade do fato e pela urgência de chegar a Santa Maria (de carro seriam três horas de deslocamento), a TV contratou um helicóptero para que pudéssemos fazer esse trajeto o quanto antes.

Assim que nos aproximamos da aeronave, o piloto, ao nos avistar, logo disparou:

— Quem vai comigo?

— Todos nós – respondemos.

O piloto insistiu:

— Quem vai comigo: vocês quatro ou as bagagens?

Só aí entendemos que era impossível a aeronave contratada levar as duas equipes e toda a bagagem pessoal, além das caixas de equipamentos.

Não tive dúvida, peguei o telefone e liguei para Maiara Bastianello.

— Maiara, onde você está?

— Acabei de sair do aeroporto.

— Maiara, por favor, preciso de sua ajuda. Não temos condições de levar as bagagens conosco no helicóptero.

Bom, já deu para entender que Maiara foi a grande responsável por fazer com que chegássemos o mais rápido possível a Santa Maria. Ela então levou toda a nossa bagagem e os equipamentos. A capacidade de transporte do helicóptero foi suficiente para levar apenas nós quatro e uma câmera, só uma câmera. Marcelo Amorim então seguiu na poltrona da frente, ao lado do piloto, para gravar imagens aéreas na chegada a Santa

Maria. Eu, Eleonora e Mota, fomos no banco de trás.

Cerca de cinquenta minutos depois, já estávamos sobrevoando o local da tragédia. Maiara chegou só no início da noite para nos encontrar no hotel onde ficamos todos hospedados.

Quando me preparava para deitar, como de costume, liguei para minha casa. É sempre após o trabalho que eu e minha esposa conversamos sobre como foi o dia de cada um, em casos como esse, de trabalho intenso.

Foi nesse momento que Veronica me relatou o que havia acontecido.

— Estou só sentindo uma dor na costela do lado direito. Começou a doer após o esforço que eu fiz para arrastar o banco da igreja para minha mãe sentar.

Dona Rosa, minha sogra, tinha dificuldades para se ajeitar nessas situações porque, após sofrer uma isquemia cerebral em 1997, ficou com a parte esquerda do corpo paralisada. Não conseguia, dessa forma, entrar em espaços estreitos como a distância entre um banco e outro na igreja.

Foi aí que Veronica, ao tentar afastar o banco para que a mãe dela entrasse, forçou a costela e acabou fraturando-a. Ao retornar para casa, passou a tomar remédios para dores. Como o desconforto continuou, ela foi a um pronto-socorro, onde o médico indicou um corticoide e uma cinta elástica que deveria ser usada na altura da dor.

Uma semana depois de acompanhar a tragédia em Santa Maria, que resultou na morte de 242 pessoas, eu retornei para São Paulo. O corticoide que Veronica tomava ainda fazia efeito, mas, cerca de um mês depois, ela começou a ter febre. Usava o antitérmico, porém, sempre no final do dia, a temperatura aumentava.

No dia 17 de março, quando comemorávamos mais um ano de casamento, a febre aumentou muito. Os remédios não faziam mais efeito. No dia 19, procuramos novamente atendimento próximo de casa. No dia 23 de março, seguimos para o Hospital São Luiz, no bairro do Morumbi, onde estavam nossos médicos conhecidos e que já faziam nossos exames de rotina.

Ao dar entrada no hospital, Veronica foi imediatamente internada para a verificação de seu estado febril. A primeira especialista a começar a investigar a causa da febre foi Dra. Raquel Muarrek, chefe do setor de infectologia. No dia seguinte, começaram uma sequência de exames sem fim.

Dois dias após a internação e já com exames de imagens em mãos, os médicos chegam ao quarto, como de costume, sempre pela manhã. À frente, o então diretor administrativo, Dr. Sebastião Vasconcelos, sempre muito atencioso e gentil. Comedido nas palavras, ele explicou que uma equipe multidisciplinar — médicos de diversas especialidades — passaria a cuidar do caso a partir daquele momento.

Assim que passou as informações, chamou-me para acompanhá-lo. Seguimos até a sala dele, onde estavam alguns exames de imagem realizados no dia anterior. Olhando para as imagens, um dos médicos da equipe me disse:

— Você precisa ser forte, pois o caso de sua esposa é muito grave e você vai precisar dessa força.

Bom, minhas pernas estremeceram, meu coração disparou e meu pensamento se voltou para nossa filha, Isadora, à época com 8 anos.

Nesse momento, outro médico começou a me explicar o que trazia aquela imagem. Era uma ressonância magnética do corpo inteiro. E, contra a luz e com uma caneta, o corpo clínico começou a me relatar que aqueles pigmentos existentes em praticamente todos os ossos de Veronica poderiam ser lesões de câncer, que já estava em estágio avançado, provocando uma metástase.

Meus olhos ficaram encharcados, já não tinha mais onde me apoiar.

Logo em seguida, um dos médicos me perguntou:

— Você agora vai nos ajudar. Em que momento você acha que devemos falar para sua esposa?

Não tive dúvida:

— Agora.

Pegamos os exames e voltamos para o quarto. Ela estava deitada, tinha acabado de tomar banho. Antes mesmo de os médicos iniciarem a abordagem, ela foi logo dizendo:

— Já sei, aconteceu algo grave! É isso? Meu caso não é simples!

Tudo o que os médicos haviam me explicado tornaram a dizer a ela. Após uns trinta minutos, ouvindo com atenção, ela, em tom de desabafo e de angústia, perguntou:

— Quer dizer que vocês vieram trazer minha sentença de morte?

A frase forte veio acompanhada de muita força, porque é assim que Veronica vive, como uma fortaleza. Contudo, bastou a equipe médica deixar o quarto para que ela desabasse em prantos e desabafasse:

— Eu não quero morrer! Eu não quero morrer! Me ajuda!

Esse pedido angustiante não saía de minha cabeça. Foi a partir desse momento que entendi que precisava me agarrar à fé que tenho, que eu aprendera a ter com minha mãe, Marlene.

24. INVESTIGAÇÃO

As lesões apontadas pelos exames tinham características e indícios de câncer nos ossos. Os exames complementares foram além: apontaram lesões também na medula óssea, na hipófise e no pulmão. Os médicos, porém, não se deram por satisfeitos com o que as imagens indicavam e passaram a fazer novas investigações.

Paralelamente a isso, comecei a rezar na Igreja de São Pedro e São Paulo, que fica a alguns metros do Hospital São Luiz. Todos os dias, após o café da manhã, seguia para a Capela do Santíssimo, onde fazia minhas orações. Concentrei minha fé nos pedidos de intercessão a Nhá Chica e nos diálogos com ela, a Imaculada Conceição e o Sagrado Coração de Jesus.

No dia 27 de março, o médico ortopedista Lucas Leite, inconformado com a indefinição e acreditando não se tratar de um câncer, pediu permissão para nos apresentar o médico Marcos Tanaka, especialista em câncer nos ossos.

O médico passou um dia inteiro conosco analisando as imagens, conversando e, ao final da noite, ao acompanhá-lo até a lanchonete do hospital, ele nos alertou de que realmente não devia ser câncer nos ossos.

A avaliação do médico nos deu esperança de que fosse uma doença menos aterrorizante. No entanto, Dr. Tanaka, responsável como todos, não quis cravar nenhum diagnóstico, pois precisava primeiro receber alguns exames complementares que a equipe havia solicitado.

Já passava das 11 horas da noite daquele 27 de março de 2013, e Dr. Lucas ainda estava conosco. Ele não foi um médico que nos acompanhou durante essa maratona, mas um dos irmãos que tivemos nessa fase da vida. Porque só um irmão para ficar até as 11 da noite num quarto de hospital no dia de seu aniversário, mesmo sabendo que a obrigação dele havia se encerrado no período da tarde.

E foi somente depois de nos dizer que a esposa o aguardava em casa para comemorar que entendemos quanto Dr. Lucas e toda a equipe estavam definitivamente empenhados em diagnosticar e tratar a doença de minha esposa.

25. O MILAGRE DO DIAGNÓSTICO

Buscar o diagnóstico naquele momento era mais importante do que buscar a cura, porque, afinal de contas, não tem como curar algo sem saber do que se trata. Nessa situação, nada pior do que a dúvida, do que a indefinição. Quanto mais tempo passava, mais angustiante ficava. Diariamente, Veronica precisava tomar antitérmicos para controlar a febre. Uma febre que se mantinha e cuja causa os médicos ainda desconheciam.

Em um dos exames de imagem, após algumas análises, os médicos decidiram retirar do local da fratura da costela uma amostra de material, que depois seria analisada em um laboratório especializado. A cirurgia realizada pelo médico cirurgião Eduardo Wereb foi rápida e sem nenhum complicador. Era a nossa esperança de que o diagnóstico estava próximo.

A ansiedade era tanta que eu mesmo peguei o material e levei até o laboratório na região central de São Paulo, para que ele fosse analisado. No pedido, a referência era para que os testes fossem feitos na expectativa de encontrar lesões compatíveis com leucemia. Se o resultado fosse positivo, seria uma longa caminhada até alcançarmos a cura, mas pelo menos saberíamos por onde caminhar, teríamos uma luz sobre qual tratamento seguir e qual protocolo utilizar.

Todavia, para nossa triste surpresa, o exame foi finalizado e o resultado foi dado como "inconclusivo". Exatamente isso: não era possível afirmar que sim, nem que não sobre o exame feito para identificar uma possível leucemia.

Nossas orações só aumentavam! Minha persistência em continuar pedindo não tinha fim. Não havia desânimo que pudesse me prostrar naquele momento. Estava ficando cada vez mais difícil, mas não impossível.

Certo dia, como acontecia sempre após o café da manhã, deixei o quarto, onde passava todas as noites com Veronica, e segui para a Igreja de São Pedro e São Paulo. Lá, mais uma vez, ajoelhei-me na Capela do Santíssimo, uma pequena sala, ao lado esquerdo da entrada principal, com uma pequena luz vermelha acesa que indica que ali, dentro do sacrário, estava o Corpo de Cristo, as hóstias consagradas. Entre os bancos curtos e estreitos, comecei a fazer minhas orações. E mais uma vez, pedi, pela intercessão de Nhá Chica:

> **Bem-aventurada Nhá Chica, acredito nas suas orações, na sua intercessão junto à Imaculada Conceição, para que Deus ilumine os médicos e que eles encontrem um caminho para descobrir o que minha esposa tem.**

Lembro-me de que, nesse dia, senti algo mais forte do que nas outras ocasiões. Parecia que ali eu recebia um "sim", um "sim, vamos encontrar a resposta para a recuperação de Veronica!

Terminei minhas orações e peguei o caminho de volta para o hospital. É um trajeto muito curto, não deve chegar a 500 metros de distância entre a porta da Igreja e a entrada do prédio, por onde eu passava para ter acesso aos quartos de internação. Ao chegar, encontrei Veronica com um sorriso largo! Era a primeira vez em quase um mês que ela sorria com vontade. Antes mesmo que eu perguntasse a ela o que havia acontecido, minha esposa foi dizendo:

— Amor, você não sabe o que aconteceu aqui! Uma médica, chamada Juliana, que nunca tinha passado no quarto, pediu para ver meus exames. Por um tempo, ela ficou sentada ali na mesa ao lado e depois pediu para analisar com calma na secretaria do andar. Ela saiu daqui dizendo que tinha um caminho para meu diagnóstico!

Impossível deixar de expressar naquele momento a euforia causada em nossos corações. Foi radiante a afirmação que a médica tinha feito a uma paciente angustiante, que já tinha realizado uma bateria de exames que não levava a nenhuma pista sobre seu diagnóstico. Como não acreditar que minhas orações e pedidos a Nhá Chica não tinham surtido efeito? Como não acreditar que meus joelhos prostrados diante do Santíssimo não haviam sentido a leveza desse momento?

Bom, ainda não era o diagnóstico, mas o caminho para ele.

Passados alguns minutos, a médica endocrinologista Juliana Zucare volta e, em um pedacinho de papel do bloco de anotações do hospital (aquele que geralmente fica em uma mesinha ao lado da cama), explica-nos o que poderia ser. Pela primeira vez, nós ouvíamos falar em histiocitose de células de Langerhans. Dra. Juliana havia feito residência médica no Hospital das Clínicas, em São Paulo, o maior hospital da América do Sul e uma referência em casos graves e desconhecidos, hospital que tem como titulares de suas cadeiras médicos dos mais renomados e experientes do Brasil e do mundo.

E foi durante o período de especialização que ela viu o diagnóstico de um único caso muito parecido com o de minha esposa. Diante da experiência dela e dos indícios clínicos encontrados, Dra. Raquel Muarrek, infectologista responsável pela equipe multidisciplinar que cuidava de Veronica, fez um novo pedido para que o laboratório realizasse outro teste, com marcadores específicos para a doença citada pela Dra. Juliana.

Era 4 de abril. Mais uma vez, eu mesmo peguei o pedido e levei até um segundo laboratório, na região da avenida Paulista, indicado para esse exame. Seis dias depois, o resultado: "O perfil imuno-histoquímico, em conjunto com os achados morfológicos, é consistente com histiocitose de células de Langerhans".

Pronto! O pedido que eu havia feito a Nhá Chica se realizara! Esse era o milagre que eu buscava, o diagnóstico para chegar à cura!

Eu sabia que a maratona estava só começando, sabia que ainda havia muito a percorrer. Naquele momento, porém, surgiu o sinal mais importante, para onde seguir e como seguir. Com o diagnóstico em mãos, vem a leveza, mas também o peso do que poderia ocorrer dali em diante.

A partir desse momento, Dr. João Guerra, então chefe do Setor de Hematologia do São Luiz, assumia o caso e nos informava oficialmente sobre o resultado. Sentamo-nos todos na antessala do quarto, e, ali, de fala mansa, mas bem precisa e segura, ele nos explicou:

— Essa doença é rara, sabe-se pouco sobre ela. Teremos um longo caminho a percorrer pela frente, mas saibam que eu vou percorrer junto com vocês. Eu estarei com vocês onde for preciso.

Essa frase dita pelo médico me marcou profundamente. Desde o primeiro dia em que Veronica passou pela internação até aquele instante, não houve um momento, um único momento em que o corpo clínico, sob a direção do Dr. Sebastião Vasconcellos, nos deixasse sem resposta ou inseguros. Essa segurança, qualidade presente em cada um dos profissionais do hospital, marcou-nos profundamente. Mas, como todo jornalista gosta de perguntar e precisa perguntar, eu, sem discrição nenhuma, mas com muito respeito, perguntei:

— Doutor, tem tratamento aqui no Brasil? Conseguiremos cuidar de tudo aqui?

— Marcio, tenha absoluta certeza de que, se em algum momento dessa caminhada eu sentir que eu ou minha equipe não teremos condições de conduzi-lo por essa estrada, irei junto com vocês até onde for preciso.

26. TRATAMENTO

Dá para imaginar o alívio de todos com a descoberta da doença? Passar por essa fase do desconhecido foi um aprendizado, sobretudo uma demonstração de fé! Muito bem orientados pelos médicos de que o caminho para a remissão da doença não seria fácil, nós, obviamente, ficamos aliviados, embora soubéssemos que uma nova batalha teria início. E, de fato, teve, assim que o diagnóstico foi confirmado. A equipe multidisciplinar encerrou o trabalho dela, e a equipe de hematologia assumiu o tratamento, composto de quimioterapia e altas doses de corticoide.

Com o protocolo definido, Veronica iniciou, ainda em abril, os seis ciclos de Vimblastina e Prednisona. As aplicações aconteciam num Centro de Hematologia na avenida Brigadeiro Luís Antônio, na região da avenida Paulista. A luta agora era para que a medicação fizesse efeito. Contudo, infelizmente, não fez: após a conclusão dos ciclos, os exames de imagem ainda acusavam as lesões ativas.

No entanto, não houve desespero. Eu me mantinha firme em minhas orações, as mesmas com que pedia a graça do diagnóstico agora eram entoadas, com a serenidade de sempre, para obter a graça da cura por meio da iluminação dos médicos, para que tomassem as melhores e mais eficazes decisões. Aliás, esse sempre foi meu posicionamento: rezar e confiar!

Sabemos que perder a confiança e tentar interferir, mesmo que com conhecimento, não é o melhor caminho. É claro que uma pessoa bem informada faz com que esse processo seja mais bem compreendido. E, assim, Veronica, como boa jornalista de apuração, fazia. Não é recomendável, sabemos disso e é preciso reforçar, que os pacientes se informem por publicações e "achados" da internet. Cada caso é um caso e cada pessoa reage de forma diferente aos medicamentos, ainda que tenham a mesma doença. Veronica sempre soube disso, mas fez questão de ler diversos trabalhos, e a grande maioria eram publicações do exterior. Até que, um dia, uma das médicas olhou para ela e disse:

— Espera aí, a médica sou eu! – advertência seguida de um sorriso!

A doutora entendeu que Veronica não queria ditar procedimentos, mas apenas mostrava que estava atenta aos protocolos. Essa atitude de minha esposa não me impressionou, porque a convivência de tantos anos, desde a faculdade de jornalismo, nos faz conhecedores de todas as nossas virtudes e, por que não dizer, dos defeitos também.

Veronica jamais aceita a primeira resposta e nunca desiste! E foi com esse perfil de mulher guerreira que ela enfrentou a notícia de que a primeira fase de medicação não tinha surtido o efeito esperado.

O tratamento tinha de seguir, não podia parar, mas...

Os médicos marcaram o início da segunda fase de quimioterapia, a data me pegou de surpresa, seria 22 de julho de 2013, mesmo dia em que o Papa Francisco iniciaria sua viagem apostólica rumo à Jornada Mundial da Juventude, no Rio de Janeiro.

Como participara de todas as sessões de químio de Veronica e praticamente de todo o processo, decidi que não me ausentaria nesse momento. Estava pronto para anunciar à direção de jornalismo da Band que, por causa da coincidência de datas, eu deixaria de viajar com a comitiva papal. Não pensei duas vezes! Sabia que tinha enfrentado uma maratona para alcançar o objetivo de estar e "levar" o Grupo Bandeirantes de Comunicação para dentro do "avião do Papa" pela primeira vez.

Esqueci-me, porém, que, ao meu lado, havia uma jornalista também. Ahhh, uma jornalista que, como eu, sempre fora apaixonada pela profissão e sempre vibrara com o nosso trabalho. A reação dela foi instantânea:

— Nem pense em ficar fora dessa cobertura. Você lutou tanto para concretizar esse projeto. Eu iniciarei a quimioterapia tranquila sabendo que você está lá.

Para mim, entretanto, não era tão simples assim. Meu coração pedia que eu ficasse ao lado dela. E eu queria ficar! Não havia divisão em meu pensamento.

A equipe médica, sensibilizada com minha decisão, analisou o cenário e chegou à conclusão de que seria possível adiar em uma semana o início da segunda fase do protocolo, sem prejuízos ao tratamento. Dessa forma, eu viajei na data prevista e realizei minha missão como profissional. Sem deixar de pensar em Veronica um único instante, agora fica fácil entender por que mencionar o problema dela quando eu estava de frente para o Papa Francisco e ter aproveitado para pedir uma bênção especial para ela.

Assim que retornei ao Brasil, acompanhei-a ao primeiro e aos demais ciclos (num total de três) de aplicação de Clodribina. Esse período talvez tenha sido o mais marcante do tratamento, porque, em uma das aplicações da químio, houve extravasamento da veia, e o remédio então teve contato com a pele, o que resultou em uma queimadura. Com essa intercorrência, Veronica precisou passar por um procedimento de cirurgia plástica e, na sequência, implantar um cateter *Portocath* para facilitar a aplicação da quimioterapia.

Dizem que quem faz ou acompanha tratamento para câncer passa por um processo de amadurecimento e crescimento espiritual. Realmente, o tratamento por si só pode assustar, mas, na verdade, no meu caso, resultou num processo de fortalecimento por meio da oração. Confesso: não foi fácil, como não é em muitos casos, porém, agarrados à fé e à confiança nos médicos, atravessamos juntos esse período.

No dia 15 de novembro, Veronica realizou o último ciclo de quimioterapia, e, consequentemente, alguns dias depois, os exames mostraram que a doença estava controlada. Entendo a precaução dos médicos em não falar em cura, e sim em remissão e controle.

No entanto, com todo respeito a opiniões diferentes, sempre acreditei que, com o diagnóstico correto, teríamos sucesso no tratamento. Por cinco anos, Veronica fez todos os controles e até hoje continua fazendo acompanhamento regular, com exames de rotina. Ela nunca mais precisou reiniciar nenhum tipo de tratamento.

Tivemos fé e acreditamos nos médicos!

27. ORAÇÕES

Mas, afinal de contas, como rezar e que oração rezar em um momento de aflição? Quantas pessoas não fazem essa pergunta? Quanta gente que, em momentos difíceis, gostaria de saber pedir para ser atendido.

Aprendi com Nhá Chica que o mais importante é rezar com fé. Não é a maior oração ou aquela que leva mais tempo que vai fazer com que sua fé seja sedimentada pela prática e sua graça, enfim, alcançada.

Muitas vezes, quando falo dessa experiência de fé que tive durante o problema de saúde de minha esposa, algumas pessoas me perguntam:

— Mas o que você rezava? Qual oração? Como você fazia?

Oração não é receita de bolo. Fé não se aprende, pratica-se. Entretanto, divido com você, que agora conhece um pouco de minha devoção, as orações que rezei durante o período em que mais precisei da ação Divina.

Oração pela Intercessão de Nhá Chica

Deus, nosso Pai, Vós revelais as riquezas do Vosso Reino aos pobres e simples. Assim agraciastes a Bem-Aventurada Francisca de Paula de Jesus, Nhá Chica, com inúmeros dons: fé profunda, amor ao próximo e grande sabedoria. Amou a Igreja e manteve uma filial devoção à Imaculada Conceição. Por sua intercessão, concedei-nos a graça de que precisamos (*pedir a graça*). Por Cristo, Nosso Senhor. Amém!

Essa oração foi escrita por Dom Frei Diamantino Prata de Carvalho, OFM,

à época Bispo Diocesano de Campanha, MG,

região episcopal de Baependi,

cidade-sede do Santuário de Nhá Chica,

quando ela ainda era uma

Bem-Aventurada – a data de sua beatificação é 4 de maio de 2013.

Oração à Imaculada Conceição, composta por Nhá Chica

Virgem da Conceição,
Vós fostes aquela Senhora
Que entrastes no Céu vestida de sol,
Calçada de lua,
Coroada de estrelas e cercada de anjos.
Vós prometestes ao Anjo Gabriel
Que socorreríeis a todo aquele
Que invocasse Vosso Santo Nome.
Agora é a ocasião.
Valei-me, Senhora da Conceição! (*três vezes*)

Salve-Rainha

Salve, Rainha, Mãe de misericórdia, vida, doçura, esperança nossa, salve! A vós bradamos, os degredados filhos de Eva, a vós suspiramos, gemendo e chorando neste vale de lágrimas. Eia, pois, advogada nossa, esses vossos olhos misericordiosos a nós volvei e, depois deste desterro, mostrai-nos Jesus, bendito fruto do vosso ventre. Ó clemente, ó piedosa, ó doce sempre Virgem Maria. Rogai por nós, Santa Mãe de Deus, para que sejamos dignos das promessas de Cristo. Amém!

Hora da Misericórdia

Nhá Chica tinha preferência por rezar às 3 horas da tarde, momento considerado pela tradição católica como "Hora da Misericórdia", que remete ao último suspiro de Jesus Cristo. Para que eu pudesse também rezar nesse horário, deixava um alerta em meu celular. Onde ele tocasse, no lugar que fosse, eu parava para rezar com Nhá Chica. Além da oração pela intercessão dela e da Imaculada Conceição, eu também rezava a Oração das Três Horas da Tarde:

Oração das Três Horas da Tarde

Às três horas, suplique a Minha Misericórdia, de modo particular para os pecadores, e, ao menos por um breve tempo, aprofunde-se na Minha Paixão, especialmente, no meu abandono, no momento da agonia. É uma hora de grande misericórdia para o mundo todo. Permitirei que penetre na minha tristeza mortal; nessa hora não negarei nada à alma que me pedir, pela minha Paixão.

Tenho sede. Desejo ardentemente ser amado no sacramento do meu amor. O meu coração pede amor, como o pobre pede pão. As ofensas dos homens no Sacramento do meu amor muito mais me atormentam do que tudo que sofri em Minha Paixão. Se ao menos em troca me correspondessem com algum amor. Eles, entretanto, não têm senão desprezos para os meus desvelos. TU, AO MENOS, DÁ-ME a consolação de suprires, quando possível, tão negra ingratidão. *(Jesus a Santa Margarida Maria).*

Novena Irresistível ao Sagrado Coração de Jesus

1. Ó meu Jesus, que dissestes: "Em verdade vos digo: pedi e recebereis, buscai e achareis, batei e abrir-se-vos-á", eis que eu bato, busco e peço a graça de...
Pai-nosso, Ave-Maria, Glória.
Sagrado Coração de Jesus, confio e espero em Vós!

2. Ó meu Jesus, que dissestes: "Qualquer coisa que peçais a meu Pai em meu nome, Ele vo-lo concederá", eis que a vosso Pai, em vosso nome, eu peço a graça de...
Pai-nosso, Ave-Maria, Glória.
Sagrado Coração de Jesus, confio e espero em Vós!

3. Ó meu Jesus, que dissestes: "Em verdade vos digo: passarão o céu e a terra, mas as minhas palavras jamais passarão", eis que, apoiado na infalibilidade de vossas santas palavras, eu peço a graça de...

Pai-nosso, Ave-Maria, Glória.

Sagrado Coração de Jesus, confio e espero em Vós!

Oremos: Ó Sagrado Coração de Jesus, cuja única coisa impossível é não ter compaixão dos infelizes, tende piedade de nós, míseros pecadores, concedei-nos as graças que vos pedimos por intermédio do Coração Imaculado da vossa e nossa terna Mãe.

São José, amigo do Sagrado Coração de Jesus, rogai por nós!

28. A PALAVRA DA MEDICINA

GUIADA POR DEUS

Juliana Zucare
Médica endocrinologista

Em 2013, eu trabalhava na equipe de endocrinologia de um hospital. Éramos três médicos e nos revezávamos nos dias da semana para fazer as avaliações endocrinológicas dos pacientes internados. Era dia 4 de abril, uma quinta-feira, e fui chamada para fazer a avaliação de uma menopausa precoce numa paciente que estava com suspeita de neoplasia ("câncer"), mas ainda não sabiam o foco primário (onde ele se iniciava).

Normalmente, eu olhava os prontuários para entender o caso e, depois, ia até o quarto para conversar com o paciente. Ao fazer isso, nesse caso, consegui ver lesões ósseas, e uma cintilografia que mostrava múltiplas lesões, mas nada sobre a suspeita de menopausa precoce, questionamento que constava apenas no pedido de avaliação endocrinológica da paciente.

Os médicos suspeitavam de neoplasia, pois ela apresentava lesões nos ossos e nódulos pulmonares, que são comuns em metástase. As lesões ósseas eram líticas e apareciam em vários locais, concentradas principalmente na coluna e nas costelas.

Recordo-me bem do momento em que fui até o quarto onde estava Veronica. Acompanhada pela irmã, ela estava num quarto amplo com uma antessala que tinha uma mesinha. Questionei-a sobre os ciclos menstruais e lembro-me de que ela comentou que na família algumas pessoas tinham menopausa precoce e que já estava sem ciclos há um tempo. Examinei, mas não havia nada que chamasse minha atenção. Ao lhe pedir os exames, deparei-me com uma sacola muito grande, com diversos deles. Sentei-me à mesinha da antessala e comecei a analisá-los. Como eram muitos, fiquei um bom tempo ali sentada com elas, olhando um a um. Os exames me chamaram a atenção... A primeira coisa que me chamou a atenção foi que alguns hormônios dela, que na menopausa costumam ser altos, estavam bem baixos, o que não indicava, portanto, uma menopausa precoce.

Como isso já faz muito tempo, não me recordo de alguns detalhes, mas algo — não me lembro se era um exame de urina ou um sódio alto — me fez considerar também a possibilidade de diabetes *insipidus* (condição em que o paciente urina muito), então a questionei sobre a diurese. Ela respondeu ser notório que era de grande volume e que acordava diversas vezes à noite, e que também não conseguia fazer uma viagem mais longa. Naquele momento, com a alteração hormonal e o quadro de diabetes *insipidus* (o que pelo relato parecia muito), suspeitei de um quadro de hipofisite.

Em Medicina, sempre tentamos encaixar todas as evidências apresentadas para fechar um diagnóstico. Assim, considerando as lesões líticas e a hipofisite, só me vinha à mente um diagnóstico: histiocitose de células de Langerhans. Esse diagnóstico é super-raro, e eu só tinha visto uns dois casos durante os quatro anos de residência médica e na preceptoria.

Fiz residência e preceptoria em um hospital terciário que se concentra em casos de extrema complexidade, geralmente casos raros, e não em doenças do dia a dia de um hospital normal.

E lá havia uma assistente que, ao identificar casos de histiocitose, dizia: "É paciente jovem, tem hipofisite, tem diabetes *insipidus*, lesões ósseas líticas, e todos suspeitam de metástase, mas não é". Nos casos em que vi durante a residência, as lesões ósseas, no entanto, ocorriam nas pernas, ao contrário da situação de Verônica. Então, fiquei em dúvida se lesões em outros ossos poderiam ser também características desse diagnóstico.

Quanto mais eu pensava sobre o assunto, mais eu me lembrava das palavras daquela assistente e suspeitava que esse era o quadro ali, apesar de todas as indicações de câncer. Contudo, era uma situação difícil, porque eu não podia dizer que não suspeitava de metástase, mas sim de uma doença muito rara, que eu tinha visto apenas uma ou duas vezes na vida, pois a probabilidade de não ser isso era alta. Além disso, médicos formados em hospitais terciários, como eu, tendem a se acostumar com esses diagnósticos pouco comuns e, às vezes, ficam com viés de interpretar todos os casos como uma doença rara... Assim, sempre me policio para considerar inicialmente um quadro mais comum e mais simples, mas naquele momento eu só conseguia pensar que todos os detalhes se encaixavam com histiocitose. E a cada exame complementar que eu analisava, o caso ia se clareando: não era câncer, e sim histiocitose.

Comentei que acreditava ser um diagnóstico que explicaria o quadro endocrinológico, mas precisaria de uma ressonância de hipófise para confirmá-lo, além dos exames de diabetes *insipidus*. Fiquei bem apreensiva, pois a paciente já estava internada há alguns dias, eu era relativamente nova na equipe e minha linha de raciocínio era diferente de outros médicos do hospital. Contudo, eu acreditava nessa hipótese e lembro-me de sentir até certa agitação, pois seria um diagnóstico considerado bom para aquele momento: Veronica tinha 39 anos, e, com tantas lesões nos ossos, se não fosse histiocitose, o prognóstico seria muito ruim.

Quando terminei minha avaliação, fui procurada para dar minha opinião e citei a histiocitose, acrescentando que queria fazer alguns exames e que ia dar uma lida para confirmar. Lembro-me que vinham à minha mente dois nomes: histiocitose X e histiocitose de células de Langerhans.

Não conseguia tirar esse caso da mente: no caminho de casa, já acionei alguns amigos e pedi artigos da época da residência, que fui revendo durante o caminho, e, a cada momento, o caso parecia se confirmar. No dia seguinte, recebi uma ligação do médico que havia realizado a ressonância, a qual mostrava a hipófise grande, infiltrada, característica da histiocitose. Como Veronica já tinha uma biópsia marcada e solicitamos para avaliar essa hipótese, lembro-me de ter ficado emocionada com a possibilidade de ser realmente esse o diagnóstico.

Na sexta-feira, quando fui ao quarto onde estavam Veronica e Marcio, recordo-me de ter sido recebida superbem e de me dizerem que acreditavam que eu tinha sido guiada por Deus para estar ali e ajudar no diagnóstico. Emocionei-me muito, por vários motivos: por ter ajudado a fazer o diagnóstico, por ver que eles estavam confiantes e agora com outras possibilidades, além de ficar feliz por conseguir organizar aquele histórico e chegar a um diagnóstico, que parecia improvável. E, principalmente, fiquei emocionada com a gratidão deles e com as palavras que me disseram.

O diagnóstico realmente se confirmou. Nesses anos que se passaram, não vi nenhum outro caso como esse (o que mostra que realmente é um caso raro), e talvez não veja outro em minha carreira.

Desde então, acompanho o caso de Veronica, mulher guerreira que passou por muitas coisas, que precisou usar doses altas de corticoides e que teve algumas complicações. Contudo, tanto Veronica quanto Marcio sempre foram confiantes, sorridentes e agradecidos, acreditando nas melhores possibilidades. Uma família muito querida, muito unida.

Acredito que ser uma família com tanta fé, sempre otimista, deixou-os mais resilientes diante dos aspectos difíceis do tratamento. Desde o primeiro dia em que os conheci, estavam confiantes, tranquilos e unidos.

Sou muito grata por tê-los conhecido e por poder cuidar de Veronica, que em todos os momentos sempre manteve seu sorriso e alto-astral.

FÉ, AMOR E CONFIANÇA

Raquel Muarrek
Médica infectologista

O caso de Veronica deixou-me sem dormir por muitas noites. Minha angústia girava em torno de ser precisa no diagnóstico, e ele não foi tão rápido como gostaria. Por isso, debrucei-me noites a fio em estudos para tentar fazer meu melhor.

A paciente foi especial para mim pela cumplicidade da família.

A dedicação do marido e a confiança em meu trabalho no percurso do diagnóstico foram realmente peculiares. Quando há demora no diagnóstico de um paciente, é difícil a família deixar o médico trabalhar, mas, com eles, isso foi muito prazeroso de receber. A confiança em meu trabalho me fez dedicar-me muito para trazer meu melhor.

O diagnóstico foi fechado um pouco antes de meu aniversário, e senti isso como um presente. Lembro-me com carinho do bolo recebido no dia.

Acredito que o tripé formado pelo casal (havia uma cumplicidade única e especial entre os dois) e pela confiança em meu trabalho é que fez o caminho ser bem-sucedido.

Foi muito importante a passagem de Veronica em minha vida por me fazer ver que fé, amor e confiança, juntos, fazem toda a diferença.

HOMEM DE FÉ!
MILAGRE DE DEUS!

Cristina Viana
Administradora hospitalar

Trabalhar em hospital é algo que me faz aprender todos os dias e aumentar minha fé.

Em um plantão de rotina, deparei-me com um casal diferente de todos. A esposa estava sob os cuidados da equipe médica e da enfermagem em virtude de uma febre persistente.

Ao me apresentar e me colocar à disposição para conduzi-los durante todo o atendimento, vi, nos olhos da paciente, um lindo sorriso e, no esposo, um semblante preocupado, mas firme. No decorrer dos dias, fui entender aquela firmeza: entre inúmeros exames para diagnóstico, a sintonia e o amor do casal eram de fato a coisa mais linda e encorajadora!

Marcio, o esposo, não demonstrava somente serenidade e amor, mas também toda a sua fé: independentemente do que viesse pela frente, havia a certeza de que o "homem lá de cima" estava cuidando de tudo.

Veronica, o milagre de Deus. Marcio, um homem de fé.

FUNDAMENTOS INSEPARÁVEIS

Lucas Leite
Médico ortopedista

Há alguns anos, no dia 26 de março — não me esqueço por ser véspera de meu aniversário, Dr. Sebastião me chamou para fazer uma avaliação na paciente Veronica, internada no Hospital São Luís, do Morumbi, queixando-se de fortes dores no ombro.

Examinada a paciente e realizados os primeiros exames, o diagnóstico da existência de um tumor me levou a convocar Dr. Marcos Tanaka, ortopedista oncológico. Assim, foi se formando uma equipe unida e concentrada no caso.

É sempre doloroso informar uma patologia grave a qualquer paciente, porém a fé e a união de toda a família ao redor da Sra. Verônica nos davam maior confiança e força para buscar a cura.

Mais exames. Nova biópsia da costela. Detidas avaliações. Mais especialistas no caso, dezenas de telefonemas, principalmente com Dr. Sebastião, Dr. Marcos Tanaka e Dra. Raquel. Momentos de angústia para toda a equipe, pois o diagnóstico pode levar dias, semanas. E o diagnóstico final: as dores provinham de um tumor que acometia o osso, mas não era um tumor primário ósseo, ou seja, estava lá, mas a origem dele não era do tecido ósseo. E o sempre penoso momento da comunicação ao marido, à paciente, à família, porém a união, a fé e a coragem de toda a família contagiavam e animavam toda a equipe multiprofissional envolvida no caso.

A partir de então, todos os esforços foram dedicados à cura da Sra. Veronica. Práticas e protocolos fornecidos pelo conhecimento científico — sem dúvida. Contudo, uma energia positiva emanada da união familiar e da fé potencializava nossos esforços. Explico: momentos há em que o médico, na hora da cirurgia ou no póscirúrgico, sente se o paciente está decidido e confiante, se o organismo do paciente está "lutando" por sua vida. E sobreveio a cura da Sra. Verônica.

Não imaginei que esse atendimento me levaria a aprofundar a noção, que já trazia comigo, acerca da importância da força advinda da união do núcleo familiar, sustentada pela fé na, não rara, árdua caminhada da recuperação de um paciente.

Antes de entrar para uma cirurgia, enquanto lavo as mãos, toda a equipe já sabe que deve permanecer em silêncio, pois é meu momento particular de oração. Reconheço que os conhecimentos científicos, indispensáveis, por sua vez, não podem dispensar a humildade de invocar a proteção divina, para que ilumine as decisões a serem tomadas durante o procedimento; o médico é um instrumento de Deus. E quando existe a mesma sintonia com paciente e familiares, o tratamento transcorre de forma mais assertiva e eficaz.

A Medicina sempre foi uma meta para mim, desde a infância. E a vida me mostrou que praticá-la requer conhecimentos científicos, sim, mas sustentados pela fé e pela força transmitidas pelo congraçamento familiar ao paciente e a toda a equipe de profissionais. A recuperação da paciente, Sra. Verônica, comprovou que são fundamentos inseparáveis.

FÉ INABALÁVEL

Sebastião César de Vasconcelos
Médico e diretor-geral do Hospital São Luís, à época.

Como médicos, somos treinados a fazer diagnósticos, tratar as patologias e dar alta aos pacientes, que retornarão a seus âmbitos familiar, social e profissional, sendo essa nossa missão. Assim diz o sábio que ser médico é "ter a missão nobre e especial de lutar pelo bem maior, mais precioso, que temos, a vida".

Um dia, recebemos para hospitalização e pesquisa clínica para diagnóstico, Veronica Campos, acompanhada de seu marido, o jornalista renomado Marcio Campos, e da princesa deles, a pequena Isadora. Eu era o diretor-geral desse importante hospital em São Paulo, com um corpo competente de equipes médicas, assim como ótimos laboratórios para a realização de todos os exames necessários à elucidação do caso de Veronica.

Iniciamos, como de rotina, os exames dentro de um raciocínio clínico. Os primeiros resultados, porém, foram inconclusivos e as pesquisas clínicas se intensificaram com a inclusão gradativa de várias especialidades, além de discussões clínicas sem respostas plausíveis.

Assim perdurou por semanas, e, a cada novo exame, compartilhávamos uma nova interrogação com Marcio e Veronica. Foi um caso com envolvimento emocional muito intenso da equipe com o casal. Como responsável por todas as equipes médicas envolvidas, acolhendo humanitariamente o casal, chamaram-me a atenção o comportamento de Veronica e Marcio e suas falas de um credo exuberante e firme em Deus, expressando a fé de que, juntos, chegaríamos à conclusão clínica que buscávamos dia e noite.

Em conversas tecnicamente frustradas com Marcio Campos, percebi que me dava forca a fé que o jornalista e marido da paciente Veronica me passava. Ele nunca deixou de crer que o Criador do universo estava presente e que suas orações eram um grande canal para concluir o diagnóstico de Veronica. A cerca de 800 metros do hospital, há uma Igreja Católica, aonde diariamente Marcio se dirigia para rezar e perseverar em sua fé inabalável.

Um dia, ao retornar ao hospital, tive a notícia de uma linha de raciocínio clínico aventada por uma médica da equipe. Entendemos ser uma proposta de elucidação clinicamente plausível e, após a realização de mais um exame, fizemos o diagnóstico de uma patologia rara, porém, por fim, esclarecida. O caminho seria longo para a cura, mas tínhamos, enfim, um diagnóstico.

Há momentos na vida profissional médica em que nos enchemos de dúvidas técnicas. Contudo, nesse episódio, Marcio Campos nos dava, com seu exemplo de fé e credo por meio de suas orações, a força de que precisávamos para seguir em frente em nossa missão de profissionais da saúde.

29. RHOSANA, ISADORA E VERONICA

HISTÓRICO E ETÉREO

Rhosana Dalle
*Irmã de Veronica, arte-educadora, poetisa e membro
da Academia Pindamonhangabense de Letras*

O nome **"Veronica"** tem origem latina e deriva de uma expressão, **"vera ícone"**, que significa imagem verdadeira. O nome é referência à imagem da face de Cristo, que ficou impressa no véu com o qual Santa Verônica enxugou-lhe o rosto. O episódio do enxugamento da Sagrada Face de Jesus, realizado por ela, passou a ser a Sexta Estação da Via-Sacra, que é rezada pelo povo cristão há séculos.

A história narra que, ao tocá-Lo, ela se curou de uma enfermidade que durava doze anos. O véu de Santa Verônica, que media 17,5 cm × 24 cm, fica exposto numa Igreja dos Monges Capuchinhos, na Itália.

A devoção à Sagrada Face foi instituída oficialmente pelo Papa Leão XIII. O tecido raro é feito de bisso marítimo, um fio finíssimo, como o de seda, gerado por um molusco abundante no Mar Mediterrâneo. A trama desse fio forma esse tecido muito resistente e transparente. Análises laboratoriais revelam que não pode ser pintado, pois nenhuma tinta adere a ele. Entretanto, a Sagrada Face de Cristo está lá, visível; além disso, a imagem pode ser sobreposta à Face do Santo Sudário, pois tem proporções idênticas, inclusive com os mesmos hematomas e manchas de sangue.

A única diferença entre os dois é que o Santo Sudário apresenta Jesus morto, e o véu de Santa Verônica mostra a Sagrada Face do Cristo Vivo[1].

Como pode esse fenômeno ter ocorrido há tantos anos e persistir como mistério até os dias de hoje, senão pelo poder de uma força maior chamada fé?

Eu digo que tudo se perpetua por ser alimentado com episódios de renovação constante dessa mesma fé, que se fortalece toda vez que se crê, pois, quando se acredita, torna-se verdade absoluta.

Eis a renovação da fé confirmada:

Uma mulher que estava enferma,
Um marido cristão que rezou
Ao Papa que veio de Roma.
Um presente ele ofertou
Pela fé no Cristo Vivo

---

[1] Cf. https://cruzterrasanta.com.br/historia-de-santa-veronica/114/102/

Veronica,

minha irmã, se curou!
Ao ser humano é possível
Ser 70% água
E 100% devoção
Fé e água são tão iguais:
insípidas – não têm gosto,
inodoras – não têm cheiro,
incolores – não têm cor.
Mas as duas são conforto em todo tipo de dor.
E isto não se discute:
Fé é uma forma de amor!

Fé e água têm força de correnteza,
Que pode até te arrastar,
Te conduzir, te levar...
Fé e água têm serenidade pra te fazer acalmar.
Fé é crer que a estrela existe,
Sem carecer de tocar
E quando seu brilho volta
E reflete bem aqui,
Faz surgir Santos na Terra.
Foi o que se deu com Nhá Chica,
A Estrela que mais brilha
No céu de Baependi.
Eu vi!

A FIEL ESCUDEIRA

Isadora
Estudante, filha de Marcio e Veronica

Eu tinha oito anos quando tudo ocorreu. Sempre fui muito apegada à minha mãe, passava o dia todo na escola, mas era ela quem almoçava comigo, levava-me e buscava-me em todos os lugares, além de me ajudar nas tarefas de casa. Meu pai sempre foi meu companheiro, somos cúmplices inseparáveis, mas trabalhava muito e chegava em casa tarde, quando já estava pronta para dormir! Eu era muito pequena, não entendia muito bem o porquê de ela ter de ficar no hospital. Todos da família me diziam que ela estava doente e que logo ia se curar, então, na minha cabeça, seria uma gripe comum, como qualquer outra.

Durante o tempo da internação, minhas avós e tias revezavam-se para ficar comigo em casa, e isso acabou me distraindo e fazendo com que o tempo passasse mais depressa, pois cada dia era uma aventura e sempre havia uma novidade, mas ainda assim eu sentia falta dela e me lembro de que os melhores dias eram aqueles em que meu pai dizia de manhã: "Hoje à noite vamos visitar a mamãe, filha". Uma ou duas vezes por semana, ficava ansiosa durante toda a aula, e, quando chegávamos ao hospital e me deparava com aqueles corredores enormes, realmente me sentia como em um *shopping*, mas meu pai sempre fez questão de deixar bem claro que ali não era lugar de brincadeira.

No entanto, quando chegávamos ao quarto onde estavam minha mãe e minha madrinha Rosana, que passou a maior parte do tempo com ela, recordo-me de sempre abraçá-la bem forte e ficar superanimada com as sopinhas e os sucos de caixinha sabor manga de que ela não gostava e guardava para mim. Lembro-me também dos vários dias em que levava todos os meus cadernos e livros para estudar no hospital, porque não haveria tempo quando chegasse em casa.

Nessa época, comecei a ir ao psicólogo e achava muito legal, era um momento só meu, sempre fui muito tagarela, então sentia que podia me abrir e que alguém podia me ouvir de verdade, já que, mesmo tentando não transparecer, todos estavam muito preocupados com a situação, que, embora eu não compreendesse, estava acontecendo.

Hoje em dia, entendo bem mais tudo o que passamos e a fé que sempre foi a fiel escudeira da nossa família e das pessoas ao nosso redor, sou eternamente grata a todos os que lutaram dia após dia e tiveram tanto carinho durante toda a doença da minha mãe.

FÉ NA VIDA

Veronica Dalle
Jornalista, esposa de Marcio Campos e mãe de Isadora

A doença do corpo transcende a alma, é PARAR no tempo e com o tempo. Toda a sua vida e a rotina são congeladas para cuidar de si mesmo, às vezes um "eu" tão esquecido, olhar para dentro e ver o que você encontra por lá: força, alegria esperança, medo?

Foi assim comigo, pegou-me desprevenida; eu estava

pronta para ter outro filho — nossos planos de termos um casal —, e nossa menina já tinha oito anos. E esse era o momento escolhido, mas o nosso destino está nas mãos de Deus, e não tivemos tempo — olha ele aí de novo, o tempo... — para lamentar.

Não pude parar para pensar que eu precisava de cuidados imediatos, e a angústia tomava conta do meu ser; não podia transparecer fraqueza para Isadora e principalmente para minha mãe, Rosa, que não sabiam e não ficariam sabendo da gravidade de tudo.

Do diagnóstico à cura tive medo todo o tempo, mas sempre fortalecida pelos braços de Marcio (marido, irmão, parceiro) e pela sua fé inabalável e inquebrantável, uma maravilha de ver e sentir. Só quem convive com ele, e no meu caso já são 25 anos juntos, sabe o quanto ele é vibrante na doutrina da fé. Somos privilegiados por isso! Ele é sempre forte, com seu inseparável terço nas mãos e para toda a vida em seu bolso, podem perguntar, pois estará lá. Uma rocha, que vi desabar algumas vezes apenas... Uma delas foi durante meu primeiro diagnóstico de um possível câncer nos ossos em metástase, descrita nos exames. Foi um choque para ele.

Para minha irmã, Rhosana, então, foi de perder o chão. Ela é uma mulher incansável. Vinha de Pindamonhangaba e deixava marido e filhos para cuidar de mim e me fazer companhia. Ela esteve comigo todo o tempo, segurando minha mão, e até parimos um livro nesse período de dor e amor: *O Travesseiro da Mulher Borboleta*.

Voltando ao dia fatídico, no fundo do meu coração, eu sentia que a realidade dos fatos não era aquela e que todos poderiam estar enganados. Mas quem somos nós para contrariar os médicos? (Aliás, contrariar é minha maior virtude!). Na verdade, eu apresentava somente uma febre persistente, mas não tinha sintomas graves, o que intrigava a todos, e continuava corada e disposta. Afinal, resolvemos ancorar todas as nossas esperanças e apostar em um diagnóstico menos apocalíptico.

E ELE VEIO!!! Histiocitose de células de Langerhans, doença rara autoimune. Tratamento: quimioterapia; mas o melhor: tem cura. E veio em forma de anjo (veja o depoimento de Dra. Juliana Zucare). Ao mesmo tempo em que Marcio estava na Capela do Santíssimo na Paróquia São Pedro e São Paulo, próximo ao hospital, suplicando uma graça para o esclarecimento de minha doença, a doutora entrava no quarto e, depois de alguns minutos, saía de lá com a possibilidade de um diagnóstico salvador, era o milagre buscado por nós!

Todos os envolvidos em minha cura foram escolhidos e mandados por Deus, toda a equipe, desde a chegada ao Hospital São Luís, do Morumbi, por meio da amiga Cristiana Viana, responsável pelo meu bem-estar, sempre pronta a ajudar, principalmente com palavras de consolo e carinho. Até os enfermeiros, assistentes, mensageiros, uma senhora da copa (cujo nome me fugiu), faxineiros, *concierges*, enfim, não tenho palavras para agradecer. Todos foram incríveis!

Passamos por tudo isso sem nos afastar nunca da fé que remove montanhas e, como diz minha irmã Rosana, pode lavar todo o mal do corpo, e eu tenho certeza de que fui lavada e curada pela fé de meu esposo na beata Nhá Chica, à qual ele dedicou todo o calor de suas orações, diante desse imenso obstáculo que enfrentamos e que foi necessário para crescermos e darmos valor a todos os dias em que vivemos com saúde e junto de quem amamos.

O AMOR VENCEU, e estamos em constante aprendizado sobre a arte de amar.

CONCLUSÃO

EU REZEI COM FÉ

Eu rezei com fé, foi o que eu fiz!

Rezei com disciplina e entrega!

Ao ser informado pelos médicos de que o quadro clínico da Veronica era gravíssimo, no primeiro instante, me perdi. Eu me perdi na ignorância momentânea de achar que era o fim; mas, ao me reencontrar, descobri que era só o início de uma nova fase da minha vida espiritual.

Deus me deu a oportunidade de colocar em prática o que havia aprendido desde criança: que é necessário pedir, sobretudo saber pedir com fé, porque Deus vai atender.

Não queremos imaginar que um dia nos veremos ajoelhados, implorando para que algo de ruim não aconteça. Todos nós pensamos que a vida seguirá um trajeto sem descompassos. E se no meio do caminho nos depararmos com o indesejável? O que fazer?

Foi aí que entendi a necessidade de se agarrar na fé que sempre esteve presente em casa através da prática cotidiana da minha mãe, Marlene, a oração.

Ainda quando criança, era comum visitarmos a casinha de Nhá Chica, em Baependi, o túmulo dela dentro da Igreja consagrada à Imaculada Conceição, e participar das Missas. Durante toda a minha vida recebi informações de que essa mulher era "milagrosa", tanto que sempre passávamos ali para, ora pedir a "ajuda" dela, ora agradecer.

O tempo me fez conhecer as milagrosas ações de Nhá Chica, em vida e após sua morte. Alguns jornais da época narram que levou cinco dias para que o corpo descesse ao fundo do túmulo e, mesmo durante esse período, sem tratamento nenhum, não se "observa odor de defunto".

Mas essa morte física não representou o fim de Nhá Chica, porque a fé que ela carregava consigo seria replicada pelos fiéis que mantinham e mantêm viva a chama das suas graças.

Certo do poder de sua intercessão e sabedor de que "as coisas aconteciam" porque Nhá Chica rezava com fé, confiei a ela minha fé como minha intercessora lá no Céu. E foi justamente lá no alto, o local escolhido por Deus, lá no alto do céu que cobria o Atlântico para que nos "encontrássemos": Nhá Chica, Francisco e eu!

Até hoje, muitas pessoas me dizem o quanto foi emocionante aquele encontro.

Há alguns, ainda, que perguntam, preocupados, sobre a minha esposa, se ela está bem, se está curada. Essas pessoas merecem minha "satisfação", meu respeito e meu carinho. Aliás, todos os que acompanharam aquele encontro merecem. Afinal de contas, o jornalista naquele momento abriu o coração ao mundo ao expor um problema particular para Sua Santidade, o Papa.

Relatar tudo isso é mais do que uma obrigação de satisfação: é, como devoto, testemunhar, e, como jornalista, clarear os fatos. E ao dar luz a essa história como profissional, fui agraciado, escolhido para ser o mensageiro de uma notícia exclusiva: a de que a Medalha presenteada por Nhá Chica voltará para ela assim que a Igreja a reconhecer como Santa.

Nhá Chica tem uma história de fé, esperança e caridade.

Nhá Chica teve prudência, temperança, fortaleza e justiça.

Nhá Chica vivia para o Evangelho!

Nhá Chica é uma santa de verdade!

A história já provou isso e, com esse testemunho de vida e de fé, quero contribuir para que ela seja reconhecida, ocupando os altares de toda a Terra com o título que já merecia em vida: Santa Nhá Chica!

O autor.

REFERÊNCIAS

Arquivo pessoal de reportagens exibidas pela TV Bandeirantes em julho e outubro de 2013.

CADORIN, Irmã Cecília S. *et al*. **Nhá Chica, a pérola de Baependi.** Baependi, MG: Associação Beneficente Nhá Chica (ABNC), 2018.

FERREIRA, Maria de Lourdes. **Família Ferreira**: nossas raízes, nossa gente. Lorena: Publicação da Autora, 2009.

HARTMANN, Frei Jorge E. (OFM). **Francisco**: o irmão sempre alegre. Cachoeira Paulista, SP: Editora Canção Nova, 1996.

IRMÃS FRANCISCANAS DO SENHOR. **Beatificação de Nhá Chica.** Baependi, MG: Associação Beneficente Nhá Chica (ABNC), 2013. (Coletânea Fotográfica).

LARRANAGA, Inacio. **O irmão de Assis.** 11. ed. São Paulo: Paulinas, 2000.

LEFORT, Monsenhor José do Patrocínio. **Nhá Chica, Francisca de Paula de Jesus.** 8ª edição. Baependi, MG: Associação Beneficente Nhá Chica (ABNC), 2018.

LE GOFF, Jacques. **São Francisco de Assis**. 11. ed. Rio de Janeiro: Record, 2012.

LIMA, Pe. Antonio Lucio da Silva (org.). **Novena Bem-aventurada Francisca de Paula de Jesus**: Nhá Chica. São Paulo: Paulus, 2013.

MONAT, Henrique. **Caxambu**. Rio de Janeiro: Oficinas da Casa da Moeda, 1894.

NHÁ CHICA. Direção: Kathia Teodoro. Cachoeira Paulista, SP: tvcancaonova.com., 2018. Documentário Canção Nova.

PASSARELLI, Gaetano. **Nhá Chica, perfume de rosa**: vida de Francisca de Paula de Jesus. São Paulo: Paulinas, 2013.

PALAZZOLO, Frei Jacinto de. **A pérola escondida**: Nhá Chica, a serva de Deus. Rio de Janeiro: GB, 1973.

PENA, Helena Ferreira. **Francisca de Paula de Jesus**: Nhá Chica, sua vida e seus milagres. 17. ed. Baependi, MG: Associação Beneficente Nhá Chica (ABNC), 2011. Escrito originalmente em 1957.

SANTOS, Antonio Claret Maciel. **Opúsculo**: Nhá Chica. Novas Pesquisas alteram sua biografia. Caxambu: 2015.

SEDA, Rita Elisa. **Nhá Chica**: a mãe dos pobres. Aparecida, SP: Santuário, 2020.

Sites:

www.vatican.va

www.correiodopapagaio.com.br

www.youtube.com/institutonhachicainc

ANGELVS
EDITORA

www.angeluseditora.com